1+X 职业技术 · 职业资格培训教材

物流师

（仓储配送）

四级

实务操作篇

主　编　孙红菊
副主编　李俊峰
编　者　王晓亮　汝知骏　王玉春　施　雪
主　审　詹　宏

中国劳动社会保障出版社

图书在版编目(CIP)数据

物流师：仓储配送．四级．实务操作篇/上海市职业培训研究发展中心组织编写．—北京：中国劳动社会保障出版社，2012

1+X职业技术·职业资格培训教材

ISBN 978-7-5045-9536-2

Ⅰ.①物…　Ⅱ.①上…　Ⅲ.①物流-物资管理-技术培训-教材　Ⅳ.①F252

中国版本图书馆CIP数据核字(2012)第046241号

中国劳动社会保障出版社出版发行

(北京市惠新东街1号　邮政编码：100029)

出 版 人：张梦欣

*

三河市华骏印务包装有限公司印刷装订　新华书店经销

787毫米×1092毫米　16开本　9.75印张　181千字

2012年3月第1版　2017年8月第3次印刷

定价：20.00元

读者服务部电话：(010) 64929211/64921644/84626437

营销部电话：(010) 64961894

出版社网址：http://www.class.com.cn

内容简介

本教材由人力资源和社会保障部教材办公室、中国就业培训技术指导中心上海分中心、上海市职业培训研究发展中心依据上海 1 + X 物流师（仓储配送）（四级）职业技能鉴定细目组织编写。教材从强化培养操作技能，掌握实用技术的角度出发，较好地体现了当前最新的实用知识与操作技术，对于提高从业人员基本素质，掌握物流员（仓储配送）的核心技能有直接的帮助和指导作用。

本教材在编写中根据本职业的工作特点，以能力培养为根本出发点，采用模块化的编写方式。全书共分为 2 章，内容包括仓储作业管理和配送作业管理等。

本教材可作为物流师（仓储配送）（四级）职业技能培训与鉴定考核教材，也可供全国中、高等职业技术院校相关专业师生参考使用，以及本职业从业人员培训使用。

前　言

职业培训制度的积极推进，尤其是职业资格证书制度的推行，为广大劳动者系统地学习相关职业的知识和技能，提高就业能力、工作能力和职业转换能力提供了可能，同时也为企业选择适应生产需要的合格劳动者提供了依据。

随着我国科学技术的飞速发展和产业结构的不断调整，各种新兴职业应运而生，传统职业中也愈来愈多、愈来愈快地融进了各种新知识、新技术和新工艺。因此，加快培养合格的、适应现代化建设要求的高技能人才就显得尤为迫切。近年来，上海市在加快高技能人才建设方面进行了有益的探索，积累了丰富而宝贵的经验。为优化人力资源结构，加快高技能人才队伍建设，上海市人力资源和社会保障局在提升职业标准、完善技能鉴定方面做了积极的探索和尝试，推出了1＋X培训与鉴定模式。1＋X中的1代表国家职业标准，X是为适应上海市经济发展的需要，对职业的部分知识和技能要求进行的扩充和更新。随着经济发展和技术进步，X将不断被赋予新的内涵，不断得到深化和提升。

上海市1＋X培训与鉴定模式，得到了国家人力资源和社会保障部的支持和肯定。为配合上海市开展的1＋X培训与鉴定的需要，人力资源和社会保障部教材办公室、中国就业培训技术指导中心上海分中心、上海市职业培训研究发展中心联合组织有关方面的专家、技术人员共同编写了职业技术·职业资格培训系列教材。

职业技术·职业资格培训教材严格按照1＋X鉴定考核细目进行编写，教材内容充分反映了当前从事职业活动所需要的核心知识与技能，较好地体现了适用性、先进性与前瞻性。聘请编写1＋X鉴定考核细目的专家，以及相关行业的专家参与教材的编审工作，保证了教材内容的科学性及与鉴定考核细目以及题库的紧密衔接。

职业技术·职业资格培训教材突出了适应职业技能培训的特色，使读者通过学习与培训，不仅有助于通过鉴定考核，而且能够有针对性地进行系统学习，真正掌握本职业的核心技术与操作技能，从而实现从懂得了什么到会做什么的飞跃。

职业技术·职业资格培训教材立足于国家职业标准，也可为全国其他省市开展新职业、新技术职业培训和鉴定考核，以及高技能人才培养提供借鉴或参考。

新教材的编写是一项探索性工作，由于时间紧迫，不足之处在所难免，欢迎各使用单位及个人对教材提出宝贵意见和建议，以便教材修订时补充更正。

人力资源和社会保障部教材办公室
中国就业培训技术指导中心上海分中心
上海市职业培训研究发展中心

目 录

1

第一章

仓储作业管理

第一节　入库作业

入库作业是仓储作业的开始，是货物被运到仓储中心后，经过验单、装卸搬运、分类、编码、验收等环节，确认货物后按预定的货位进行储存入库等一系列的工作过程。入库的工作质量直接影响货物的储存保管及出库作业等工作的顺利进行。入库作业流程如图1—1 所示。

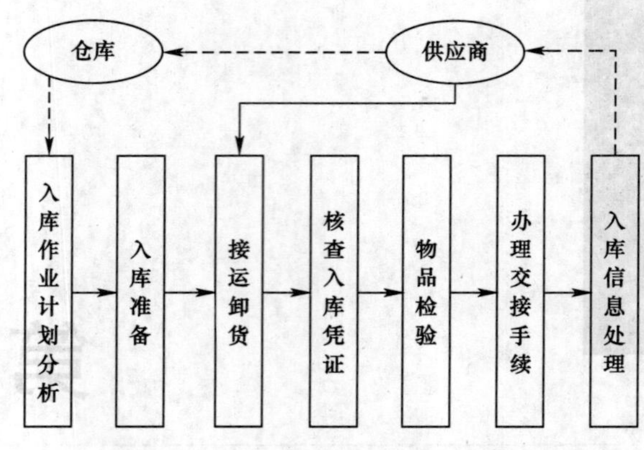

图 1—1　入库作业流程图

任务一　入库准备

仓储部门接到货主的入库通知或入库申请后，应根据入库内容合理组织货物的接运工作，妥善安排货位，合理组织人力，提前申请装卸搬运、验收设备和堆码苫垫的工具材料。同时准备货物入库所需的各种单证，如入库单、检验单、残损单、记录簿等。入库准备作业流程如图 1—2 所示。

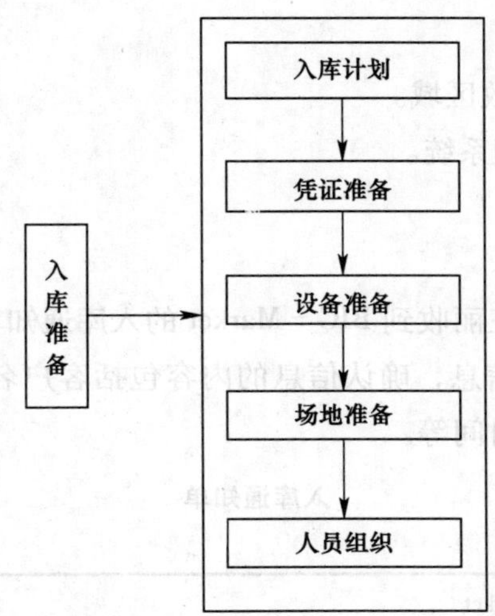

图 1—2　入库准备作业流程图

 学习目标

能够明确入库前各项准备

能够制作各项入库单证

能够正确使用 WMS 仓储管理系统

能够正确选择装卸搬运设施及工具

 操作任务

2011 年 1 月 21 日，嘉禾物流仓储中心客服王丽收到 BIG - Market 的入库申请。BIG - Market 的供应商将于 2011 年 1 月 21 日下午送来一批吸尘器，共计 28 箱。王丽需要根据客户的入库通知单在仓储管理系统中完成入库订单的录入工作，仓管员张力需要根据入库单准备货物接运工作。

 操作准备

（1）准备打印设备。

（2）准备装卸搬运设备。

（3）准备堆码苫垫用具。

（4）准备检验计量设备。

（5）准备防护用品、用具。

（6）合理组织人力。

（7）整理收货月台、存放区域。

（8）准备 WMS 仓储管理系统。

操作步骤

步骤一：接收入库通知

嘉禾物流仓储中心客服王丽收到 BIG－Market 的入库通知单，见表 1—1。王丽首先确认入库通知单上货物的到货信息，确认信息的内容包括客户名称、客户编码、货物名称、货物数量、货物规格及入库时间等。

表 1—1　　**入库通知单**

仓库名称:嘉禾物流仓储中心　　**2011年1月21日**

客户名称	BIG-Market						
客户编码	112						
入库时间	2011-01-21			货品质量	正品		
入库申请人	王丽			联系电话	1313234××××		
入库方式	送货			入库类型	正常		
序号	货品编号	名称	单位	规格（mm^3）	申请数量	实收数量	备注
1	9787799510521	吸尘器	箱	600×300×220	28		
合　计							

送货员:　　**仓管员:**

步骤二：录入入库订单

信息确认完毕后，王丽需要完成入库通知单在仓储管理系统中的录入工作。登录仓储管理系统，进入【订单管理】→【订单录入】，点击【新增】按钮后，进入图 1—3 所示的界面。

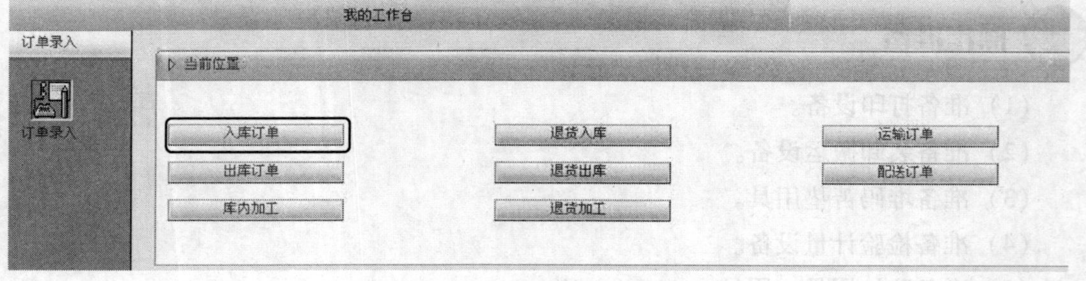

图 1—3　订单录入选择界面

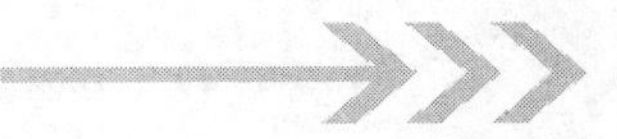

点击【入库订单】，进入图 1—4 所示的界面。

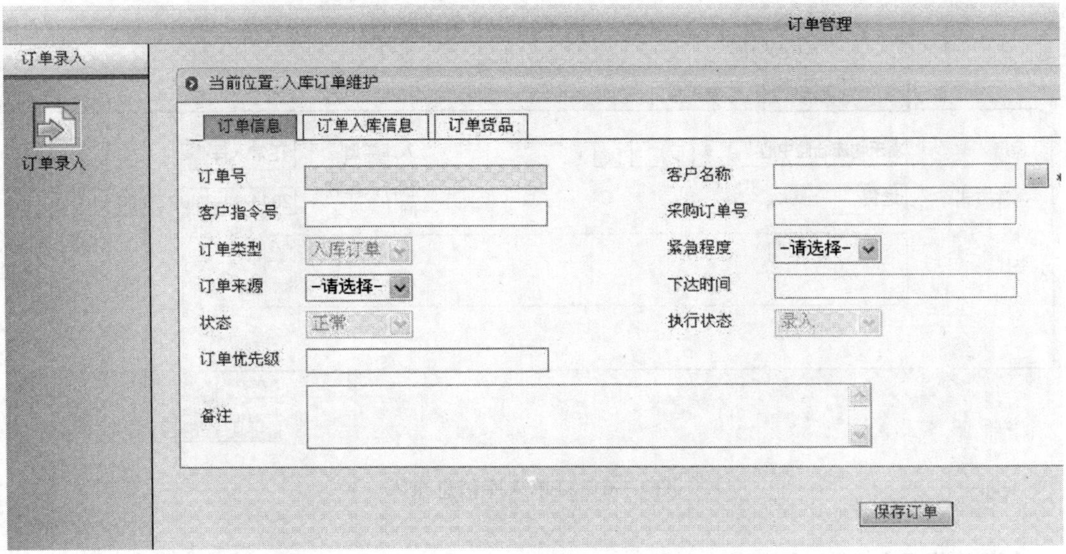

图 1—4　入库订单录入界面

在图 1—4 中，客服王丽根据入库通知单的内容依次完成［订单信息］［订单入库信息］和［订单货品］的录入。［订单信息］录入完毕后，如图 1—5 所示。

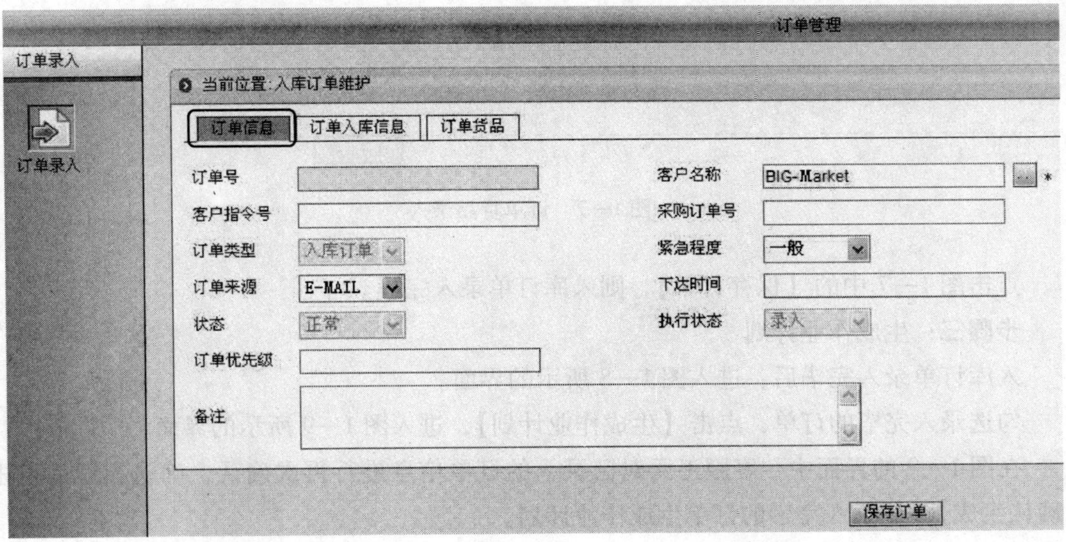

图 1—5　订单信息录入

【订单入库信息】录入完毕后，如图 1—6 所示。

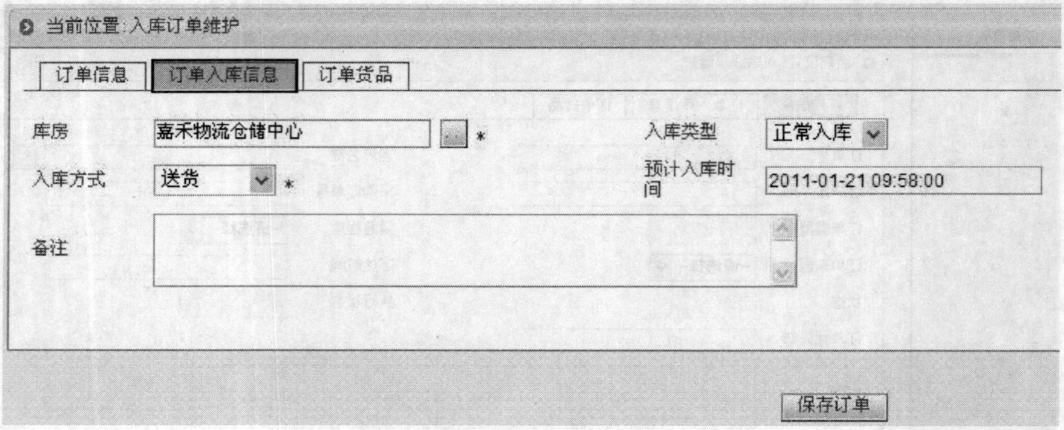

图 1—6　订单入库信息录入

【订单货品】录入完毕后，如图 1—7 所示。

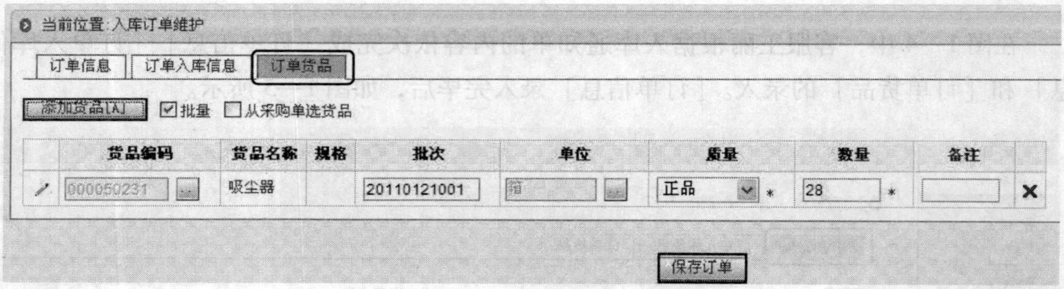

图 1—7　订单货品录入

点击图 1—7 中的【保存订单】，则入库订单录入完毕。

步骤三： 生成作业计划

入库订单录入完毕后，进入图 1—8 所示的界面。

勾选录入完毕的订单，点击【生成作业计划】，进入图 1—9 所示的界面。

在图 1—9 的界面中，客服王丽对已录入的订单信息进行再次确认，确认无误后点击【确认生成】，使录入完毕的订单生成作业计划。

步骤四： 打印入库单

登录【仓储管理】→【入库作业】→【入库预处理】界面，如图 1—10 所示。

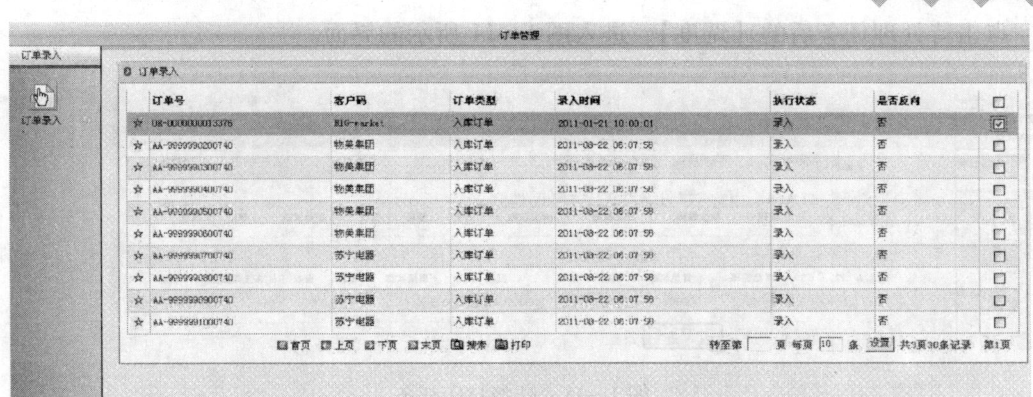

图 1—8　生成作业计划

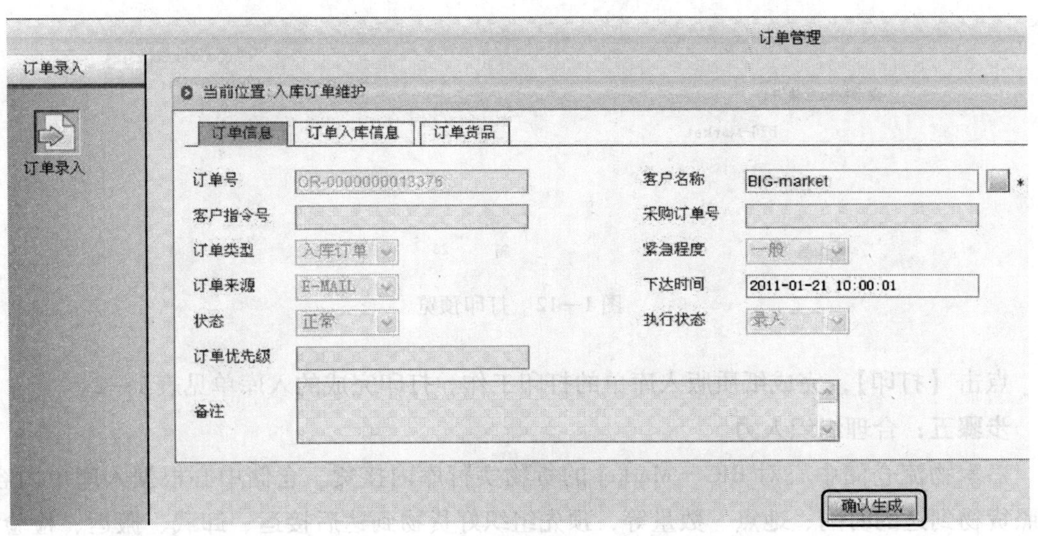

图 1—9　确认生成

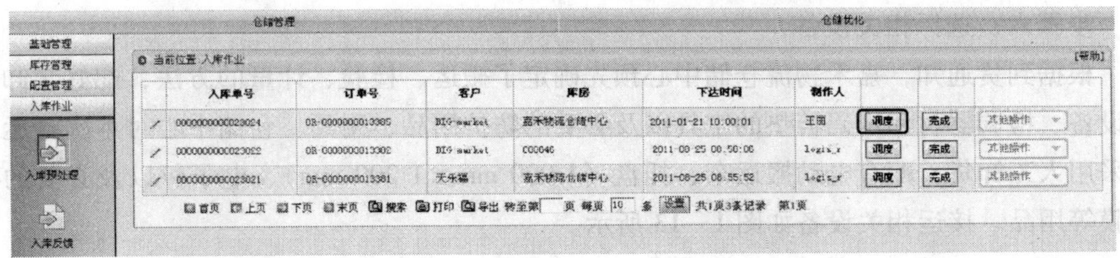

图 1—10　入库预处理

点击待处理任务后的【调度】，进入图 1—11 所示的界面。

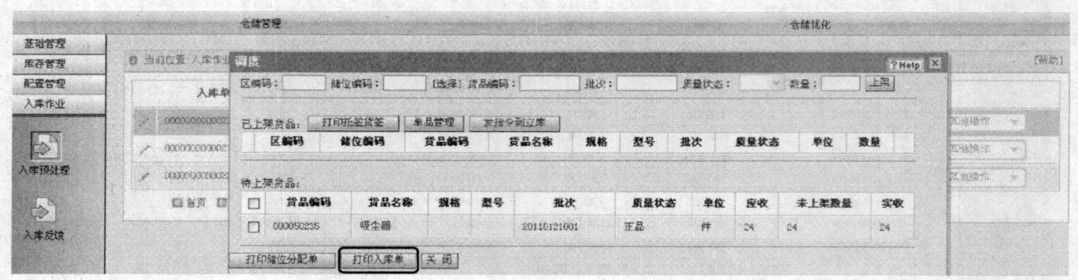

图 1—11　选择打印任务

勾选待入库的货物，点击【打印入库单】，进入图 1—12 所示的界面。

打印

0000000000023124

嘉禾物流仓储中心　28.0

BIG-Market

吸尘器　箱　28

图 1—12　打印预览

点击【打印】，完成纸质版入库单的打印工作。打印完成的入库单见表 1—2。

步骤五：合理组织人力

嘉禾物流仓储中心对 BIG - Market 的货物实行库内接货。仓储中心根据入库单内容，按照货物到达的时间、地点、数量等，预先组织好货物到达后接运、卸载、搬运、检验等相关人员的工作安排。

步骤六：选择相关设备

根据到货通知，嘉禾物流仓储中心预先确定了搬运、检验、计量的方法，配好装卸搬运设备、检验器材和堆码苫垫的工具以及必要的防护用品、用具。仓储中心对本次接运任务采用人工卸货，配有电动搬运车、托盘（1 000 mm × 1 200 mm）、电子秤以及必要的防护膜等用品。接运相关设备如图 1—13 所示。

表 1—2 入库单

作业计划单号
0000000000023124

2011客户中心 嘉禾物流仓储中心 应收总数：28.0 实收总数：

客户名称：BIG-Market 客户编号：WM0100646 客户指令号： 日期：2011-01-21

产品名称	条形码	规格	单位	应收数量	实收数量	货位号	批号	备注
吸尘器	9787799510521		箱	28			11001	

仓管员（签字）： 送货人（签字）：

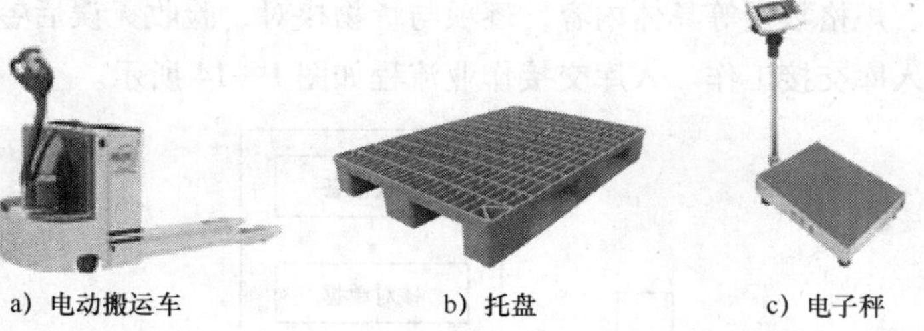

a）电动搬运车 b）托盘 c）电子秤

图 1—13 接运相关设备

步骤七：货物接运

货物到达后，仓管员首先检查送货车门封闭是否良好；查看货物外观质量和包装捆扎情况；查看货物有无进水、受潮、污染、弯曲等损坏现象。仓管员根据入库单核对到货品名、规格型号和标志，并仔细点清件数。装卸人员进行卸货作业时，将货物放置在指定位置，做到车号、品名、规格型号不混不乱，不碰坏、不压伤货物，保证包装完整。

特别提示

（1）注意避免订单录入中一些常见的错误。确保录入时货物名称、货物数量的正确，能够生成作业计划。

（2）掌握入库货物的品种、规格、数量、包装状态、单件体积、到库确切时间、存期、特性、保管的要求等，然后根据上述资料进行精确和妥善的库场安排与准备。

（3）仓库各部门应提前了解货物的相关信息，如货物的性能、数量、类别，根据仓库的仓容、设备、人员安排入库准备工作。根据货位使用原则，妥善安排货位，验收场地，确定堆码方法和苫垫方案。安排好货物验收入库人员、搬运堆码人员以及货物入库工作流程，确定各个环节所需的人员和设备。

（4）根据货物、货位、设备和人员的条件来合理科学地制定卸车搬运工艺，保证作业效率。

（5）对货物入库所需的各种报表、单证、记录簿等，如入库记录、理货检验单、料卡、残损单等需填好，以备使用。

任务二　入库交接

货物运抵仓库后，仓管员首先要检验货物入库凭证，然后按货物入库凭证所列的收货单位、货物名称、规格数量等具体内容，逐项与货物核对，验收无误后签单确认，与送货单位完成货物的入库交接工作。入库交接作业流程如图 1—14 所示。

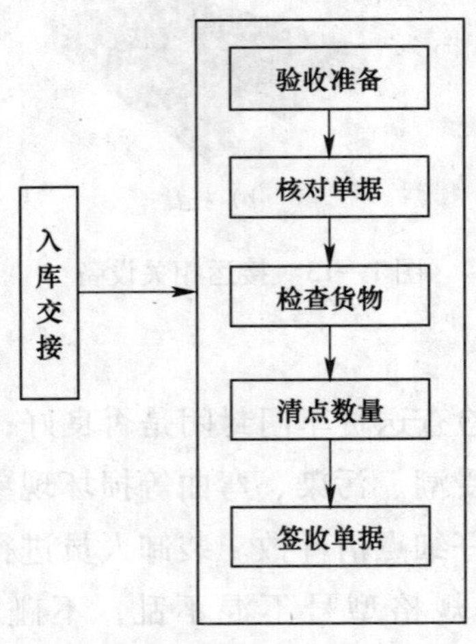

图 1—14　入库交接作业流程图

学习目标

能够选择正确的验收方式

能够核对各种入库单证

能够正确处理各项验收结果

能够正确选择装卸搬运设施及工具

能够独立完成货物入库验收工作

操作任务

2011 年 1 月 21 日下午，嘉禾物流仓储中心的仓管员张力收到 BIG - Market 送来的一批吸尘器，货物接运工作已经完毕，张力需要与送货单位的负责人完成货物的入库交接工作。张力收到的入库单见表 1—2。

操作准备

（1）准备入库单。

（2）准备检验计量设备。

（3）准备签字笔。

（4）准备入库货物。

（5）准备收货月台的场景设置。

（6）准备检验人员、仓管员及相关人员的角色分配。

操作步骤

步骤一：验收准备

嘉禾物流仓储中心接到货物到货通知后，根据货物的性质和批量提前做好验收的准备工作，工作内容包括：

1. 人员准备

安排好负责验收的技术人员和配合数量验收的装卸搬运人员。

2. 资料准备

收集、整理并熟悉待验货物的验收凭证、资料和有关的验收要求，如技术标准等。

3. 设备准备

准备好验收用的计量器具、卡量工具和检测仪器仪表，并事先进行校验。同时做好装卸搬运机械的申请。

4. 货位准备

落实入库货物的存放位置，选择合理的堆码垛型和保管方法，准备所需的堆码物料。

步骤二：核对凭证

嘉禾物流仓储中心入库的货物必须具备下列凭证：

（1）存货单位提供的入库通知单，这是仓库接收货物的凭证。

（2）供货单位提供的装箱单、发货明细表或送货单等。

（3）承运单位提供的运输单等。

仓管员凭入库单核对送货单，主要核对送货单上的货物名称、数量、规格以及客户名称、送货日期等信息是否与入库单一致，相符后才可以进入下一步的实物检验。如果发现证件不齐或不符等情况，要与存货、供货、承运单位及相关业务部门及时联系解决。经仓管员核对后，入库单与送货单内容一致。

步骤三：验收货物

嘉禾物流仓储中心验收货物的流程和内容为：

1. 确定验收比例

由于受仓库条件和人力的限制，对某些大批量的货物在短时间内难以全部验收；而有些货物打开包装后不便储存和销售，甚至影响货物的质量。因此，仓库在验收货物时可以根据实际情况采用抽验的方法。嘉禾物流仓储中心与货主之间就入库货物的验收比例在仓储合同中会有明确规定，对规模较大、信用较高的长期合作客户在货物入库时采用抽验的方法。

2. 实物验收

在进行实物验收时，嘉禾物流仓储中心根据入库单和有关技术资料对实物进行数量和质量的检查。

验收人员凭入库单验收送来的货物，收货点验时遵循“三核对”原则：核对货物条形码，核对货物的件数，核对货物包装上的货物名、规格、细数。以单对货，确保单货相符。其次，验收人员对货物的外观质量进行检验。检验货物的包装外形或检查货物是否被污染，有无潮湿、压损、破损等情况。验收人员对抽验的货物打开外包装，检查存放货物是否与包装规格一致，配套件数是否齐全，质量是否合格。对不符合验收要求的货物单独存放，防止混杂，等待处理。

验收人员在货物检验过程中发现本批入库货物短缺 2 箱，1 箱外包装破损，1 箱货物为热水器。

步骤四：异常货物处理

通过货物验收，本批入库货物与客户提供的入库通知单中数量不符。仓管员与供货方联系后查明原因是因为供货方装车有误，少发了 2 箱吸尘器，并将 1 箱热水器串发；1 箱

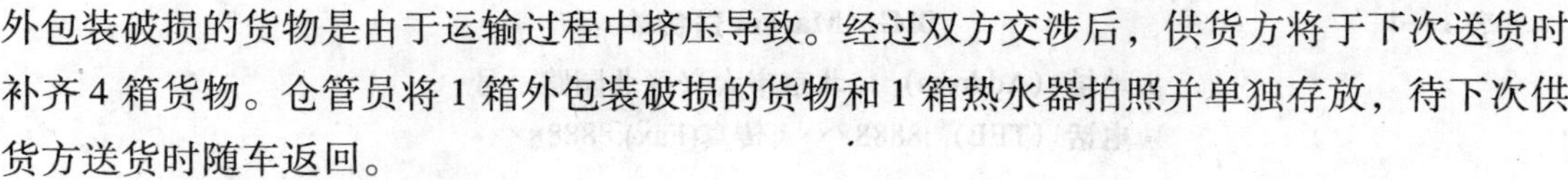

外包装破损的货物是由于运输过程中挤压导致。经过双方交涉后，供货方将于下次送货时补齐 4 箱货物。仓管员将 1 箱外包装破损的货物和 1 箱热水器拍照并单独存放，待下次供货方送货时随车返回。

步骤五：交接手续

货物验收完毕后，仓管员根据实际验收情况填写入库单实收数量、备注异常状况并签上自己的名字。然后仓管员主动与送货员交接，要求送货员在入库单相应位置签字确认，见表 1—3。

表 1—3　　入库单

作业计划单号 0000000000023124

2011客户中心　嘉禾物流仓储中心　　应收总数：28.0　实收总数：24

客户名称：BIG-Market　客户编号：WM0100646　客户指令号：　日期：2011-01-21

产品名称	条形码	规格	单位	应收数量	实收数量	货位号	批号	备注
吸尘器	9787799510521		箱	28	24		11001	1箱外包装破损 1箱热水器 2箱短缺

仓管员（签字）：张力　　送货人（签字）：李铭

同时，仓管员按照送货员的要求在送货单上填写实收数量、验收意见并在相应位置签字确认。填写后的送货单见表 1—4。

签字完毕的入库单和送货单，仓库和送货单位各收留一联。

步骤六：处理入库信息

入库交接完毕后，仓管员需要根据入库情况填写验收记录表。

表 1—4 **BIG－Market 送货单**

地址（Address）：北京市大兴区北园路××号
电话（TEL）:8888×××× 传真(Fax):8888××××

送货单号：20110121121
客户：嘉禾物流仓储中心
地址：北京市丰台区六里桥×街××号
电话：8888×××× 时间：2011年1月21日

产品名称	包装方式	应收件数	实收件数	单价	金额
吸尘器	箱	28	24		
备注	1箱热水器；2箱短缺；1箱外包装破损				

收货人签字：张力 送货人签字：李铭

仓管员根据货物入库单所列内容对实物进行验收后，对货物的型号、规格是否相符，数量是否准确，配套是否齐全，证件及资料是否齐备，质量是否合格等，都要做好详细记录，认真填写仓库货物验收记录，及时向主管部门及存货单位反映，以便查询处理。

仓管员在货物验收过程中发现本批入库货物短缺 2 箱、1 箱外包装破损、1 箱货物为热水器。填写完毕的货物验收记录表见表 1—5。

表 1—5 **嘉禾物流仓储中心货物验收记录表**

供方 BIG-Market 合同号 CC1010 车号 京 A2367 入库单号 23124
发货日期 20110121 到货日期 20110121 验收日期 20110121

货物名称	规格型号	单位	应收数量		实收数量		盈亏
			件数	质量 (kg)	件数	质量 (kg)	
吸尘器	皇马 A121	箱	28		24		亏

相关链接

验收中发现的问题和处理对策

在货物检验过程中会产生许多问题，仓库管理部门应根据不同情况分别及时处理。同时，验收中发现问题、等待处理的货物，应该单独存放，妥善保管，防止混杂、丢失、损坏。现将几种常见的问题归纳如下：

1. 数量方面的问题

（1）数量短缺在误差规定的范围内的，可按原数入账。

（2）数量短缺超过误差规定的范围的，应做好验收记录，填写磅码单，交主管部门会同货主向供货单位交涉。

（3）实际数量多于原发数量的，可由主管部门向供货单位退回多发数或补发货款。

2. 质量方面的问题

（1）凡货物质量不符合规定要求时，应及时向供货单位办理退货、换货。

（2）货物规格不符或错发时，应将情况做成验收记录交给主管部门办理退货。

仓库对货物验收中的具体问题，可用书面形式通知货主或发货方要求查明情况进行处理。可采用货物溢余、短缺、破损查询单的形式。

3. 单据方面的问题

入库货物必须具备入库通知单，订货合同副本，供货单位提供的材质证明书、装箱单、磅码单、发货明细表以及承运单位的运单等资料。凡资料未到或资料不齐的，应及时向供货单位索取。该批货物则作为待验货物堆放在待验区，待与货物相关的资料到齐后再验收。

入库前的货物检验是一项技术要求高、组织严密的工作，直接关系到整个仓储业务能否顺利进行，必须做到及时、准确、严格、经济。

相关链接

手工入库手续的办理流程

货物经检验合格后，由仓管员或收货员根据验收结果，在货物入库单上签收，办理货物入库手续，包括登账、立卡、建档等工作，这是货物验收入库阶段的最后环节。

1. 登账

仓库应建立详细的货物仓储明细账，登记货物入库、出库、结存的详细情况，用以记录库存货物动态和入出库过程。

登账的主要内容有：名称、规格、数量、件数、累计数或结存数、存货人或提货人、批次、金额、货位号或运输工具、接（发）货经办人。

登账的规则有下列四点：

（1）必须以正式合法的凭证为依据。

（2）记账应连续、完整，不得跳行、隔页等。

（3）用蓝色、黑色墨水笔记账，用红色墨水笔改错、冲账等。

（4）数字改写应占空格的1/2。

2. 立卡

货物入库或上架后，将商品名称、规格、数量或出入状态等内容填在立卡上。立卡又称为货卡、料卡或保管卡，它是一种商品的标签，插放在货架上货物下方的货物支架上或摆放在货垛正面明显位置。

立卡按其作用不同，可分为状态卡、标志卡、储存卡。

（1）状态卡。状态卡用于反映货物质量状态，它是表明货物所处的业务状态或阶段的标志，如合格、不合格、待检验、待处理等状态，如图1—15所示。

（2）标志卡。标志卡用于反映货物的名称、规格、生产商等。

（3）储存卡。储存卡用于反映货物入、出、库存状态。

待 检	合 格	待处理
供应商名称	供应商名称	供应商名称
图 号	图 号	图 号
名 称	名 称	名 称
进货日期	进货日期	进货日期
批 号	批 号	批 号
生产日期	生产日期	生产日期
标记日期	标记日期	标记日期
标 记 人	标 记 人	标 记 人
备 注	备 注	备 注

图1—15 状态卡

3. 建档

货物入库应及时建立相应的档案，将入库货物相关的依据、凭证、技术资料分类归档保存，其目的是为了更好地管理货物的凭证、资料。货物建档有助于提高科学管理水平。货物档案应一物一档，统一编号，妥善保管。

4. 签单

货物验收入库后，应该及时按照仓库货物验收记录的要求签回单据。签单有两个作用：一是向供货单位和存货单位表明收到货物的情况，包括对收到货物的品名、规格、数量、质量等情况的确认，也是以后财务上费用结算的依据，如果有特殊情况的可在单据上的备注栏详细注明，并且签字或加盖公章；二是如有短少等情况可以作为存货单位向供货单位交涉的依据，在这种情况下签单必须有存货单位或者供货单位的相关人员在场并确认情况属实。所以，签单必须准确无误。

任务三　入库理货

货物交接完毕，入库上架之前，仓管员需要根据货物属性、包装规格等信息完成货物在托盘上的堆码操作。信息化程度较高的仓库中，仓管员会使用无线手持终端完成堆码货物和托盘的组托作业，以实现集合化装卸搬运，提高货物的出入库效率。入库理货的一般流程如图1—16所示。

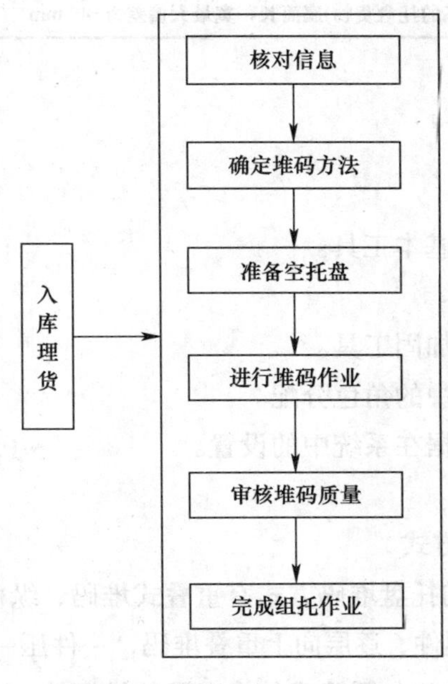

图1—16　入库理货的一般流程

学习目标

能够选择合理的堆码方式

能够完成货物堆码作业

能够利用手持终端采集货物信息

能够正确选择装卸搬运设施及工具

操作任务

2011 年 1 月 21 日下午，BIG－Market 送来的一批吸尘器已经验收完毕，仓管员需要根据货物数量、包装规格、堆码要求等信息完成货物的堆码和入库理货作业。货物和托盘基础信息见表 1—6。

表 1—6　　货物和托盘基础信息

序号	货物信息				托盘信息	
	货物名称	数量（箱）	包装箱规格（mm^3）	层高标识（层）	规格（mm^2）	厚度（mm）
1	吸尘器	24	600×300×220	4	1 200×1 000	150
备注	①不同名称货物不得堆码在同一托盘上					
	②单元货物(即堆码完毕的托盘货物)底面长、宽最大偏差为+40 mm					

操作准备

（1）准备手持终端。

（2）准备签字笔、纸等基本工具。

（3）准备待理货的货物。

（4）准备托盘、货物的加固工具。

（5）准备入库理货过程中的角色分配。

（6）准备操作任务的数据在系统中的设置。

操作步骤

步骤一：确定托盘堆码方式

嘉禾物流仓储中心常用的托盘堆码方式有重叠式堆码、纵横交错式堆码和压缝式堆码，如图 1—17 所示。重叠式是逐件、逐层向上重叠堆码，一件压一件的堆码方式；纵横交错式是每层货物都改变方向向上堆放；压缝式是将底层并排摆放，上层放在下层两件货物之间。

如果每层货物都不改变方向，则形成梯形形状；如果每层都改变方向，则类似于纵横交错式。上下层件数的关系为“2 顶 1”“3 顶 2”“4 顶 1”“5 顶 3”等，如图 1—18 所示。

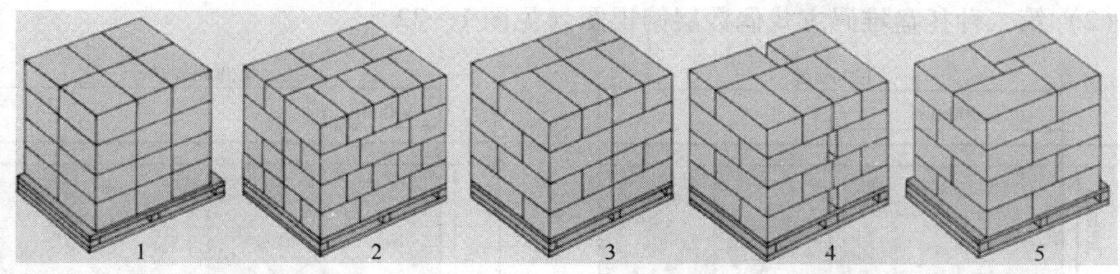

图 1—17　堆码方式示意图

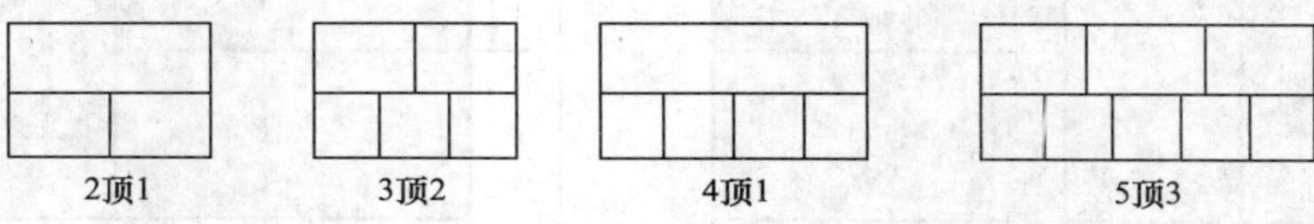

图 1—18　压缝式堆码示意图

吸尘器的包装规格为：600 mm × 300 mm × 220 mm。

仓储中心物流托盘规格为：1 200 mm × 1 000 mm。

根据货物包装规格和托盘规格，仓管员采用以下两种方式完成吸尘器在托盘上的堆码。

1. 第一种托盘堆码方式

（1）第一种托盘堆码方式奇数层俯视图（见图 1—19）

（2）第一种托盘堆码方式偶数层俯视图（见图 1—20）

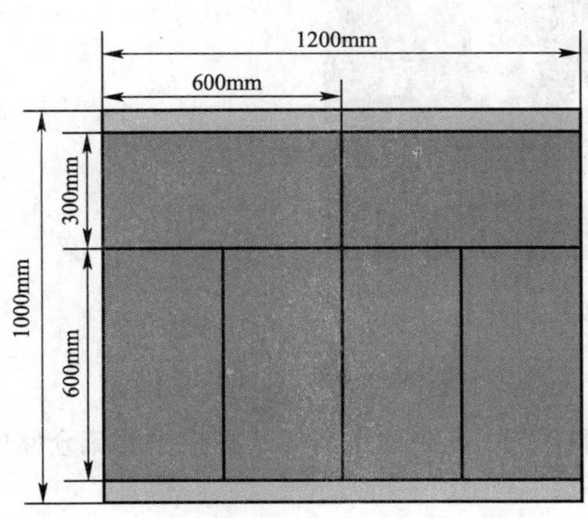

图 1—19　第一种托盘堆码方式奇数层俯视图

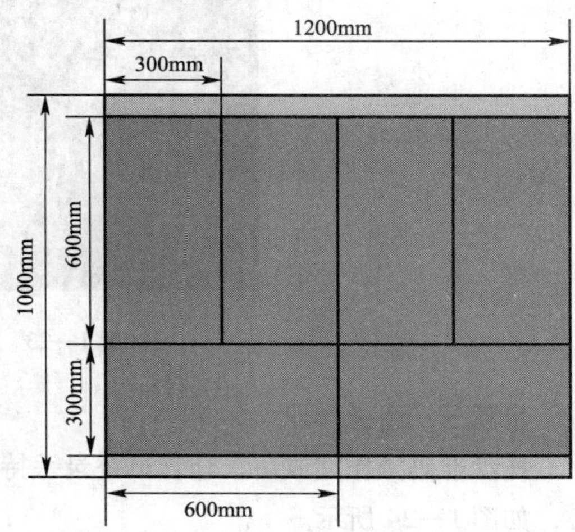

图 1—20　第一种托盘堆码方式偶数层俯视图

2. 第二种托盘堆码方式

（1）第二种托盘堆码方式奇数层俯视图（见图 1—21）

（2）第二种托盘堆码方式偶数层俯视图（见图 1—22）

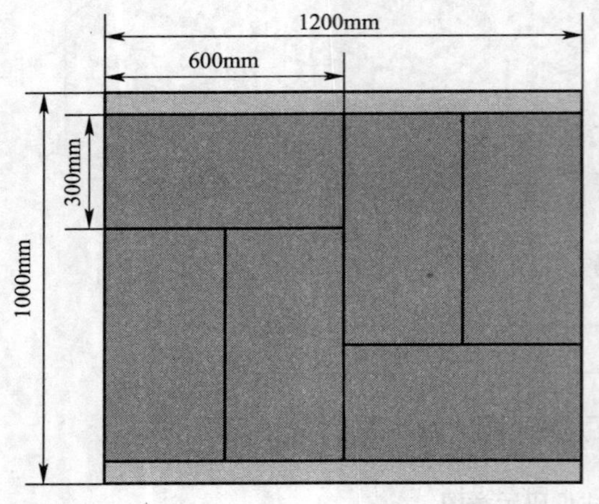

图 1—21　第二种托盘堆码方式奇数层俯视图

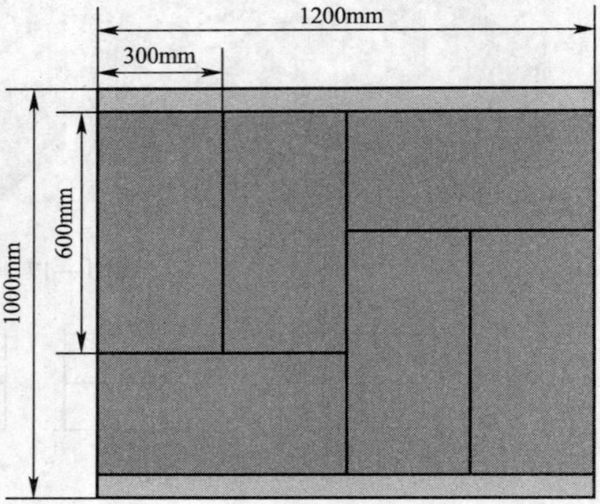

图 1—22　第二种托盘堆码方式偶数层俯视图

步骤二：托盘堆码操作

装卸搬运人员根据规划好的堆码方式完成托盘堆码任务的操作，如图 1—23 所示。

图 1—23　完成托盘堆码

步骤三：组托作业

托盘堆码操作完成后，仓管员登录手持终端系统，其中库房名称选择嘉禾物流仓储中心，如图 1—24 所示。

登录手持终端系统后，进入其应用操作主功能界面，如图 1—25 所示。

用户登录
仓储作业系统
Ver2.0
用户名:
2011
密 码:
登录
重置

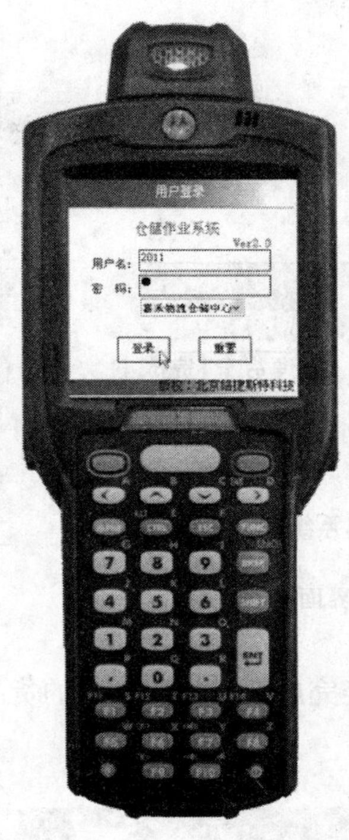

图 1—24　手持终端用户登录

在手持终端主功能界面点击【入库作业】，进入图 1—26 所示的界面。

仓储作业系统
入库作业(1)
补货作业和出库作业(2)
盘　点
退出系统(3)

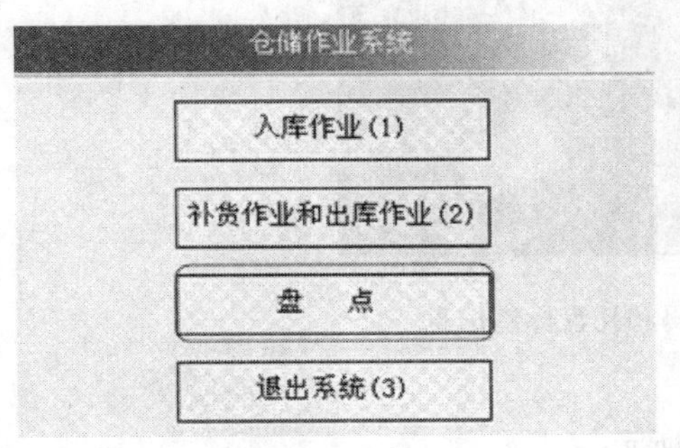

图 1—25　手持终端主功能界面

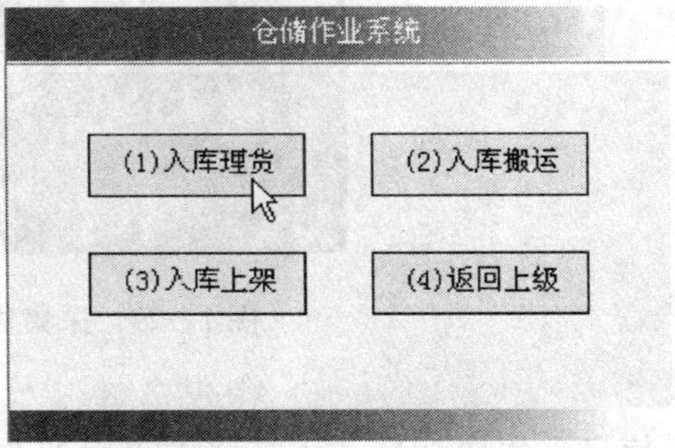

仓储作业系统
(1)入库理货
(2)入库搬运
(3)入库上架
(4)返回上级

图 1—26　入库作业主要功能按钮

点击【入库理货】，进入图 1—27 所示的界面。

点击【理货】，进入图 1—28 所示的界面。

单据编号	客户名称	理货	操作
23124	BIG-Market	理货	完成

上页　下页

返回　主菜单　退出系统

图 1—27　入库理货界面

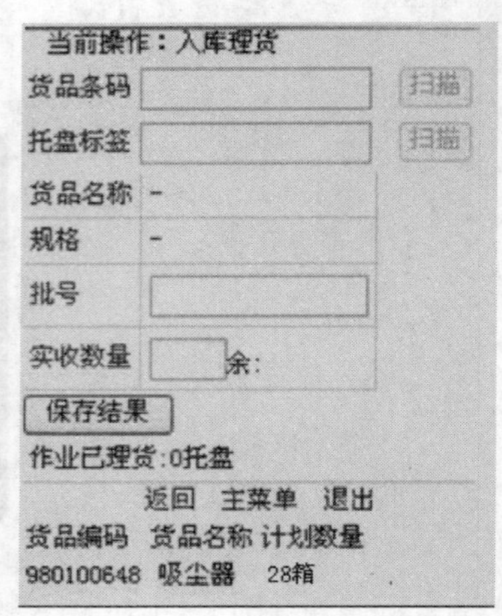

当前操作：入库理货

货品条码		扫描
托盘标签		扫描
货品名称	-	
规格	-	
批号		
实收数量	余:	

保存结果

作业已理货:0托盘

返回　主菜单　退出

货品编码	货品名称	计划数量
980100648	吸尘器	28箱

图 1—28　入库理货开始

仓管员利用手持终端采集已经完成托盘堆码货物的货品条形码和托盘标签信息，如图 1—29 所示。

图 1—29　采集货品条形码和托盘标签信息

信息采集成功后，手持终端界面如图 1—30 所示。

在图 1—30 中，仓管员在【实收数量】栏输入 24，确认无误后点击【保存结果】，完成货物的组托作业。嘉禾物流仓储中心将理货完成的货物存放在入库理货区，等待搬运人员完成入库上架作业。

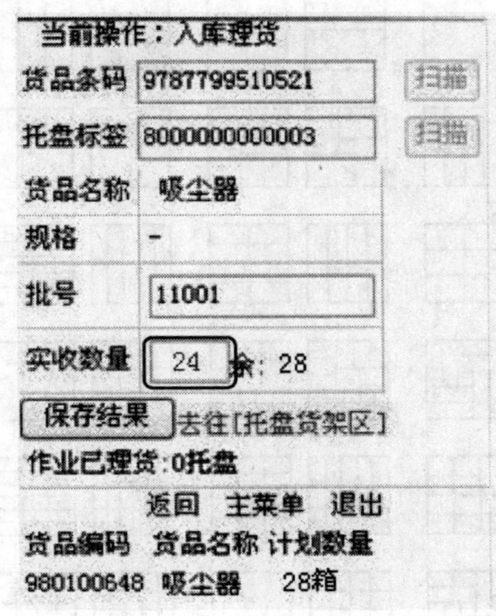

图 1—30　信息采集成功界面

相关链接

货物存放

1. 货物存放的基本方法

仓库应根据货物的特性、包装方式和形状、保管的需要，确保货物质量、方便作业和充分利用仓容及仓库的条件确定存放方式。仓库货物存放的方式有地面平放式、托盘平放式、直接码垛式、托盘堆码式、货架存放式。

2. 硬质直方体在托盘上的堆码

硬质直方体在托盘上的堆码示意图如图 1—31 所示。

3. 不合理的托盘堆码

不合理的托盘堆码示意图如图 1—32 所示。

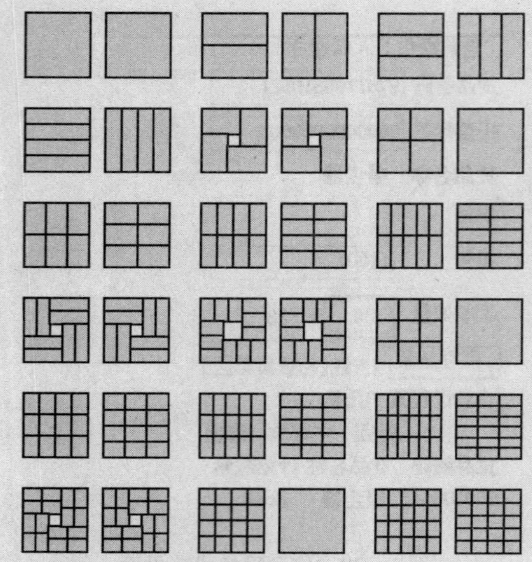

图 1—31　硬质直方体在托盘上的堆码示意图

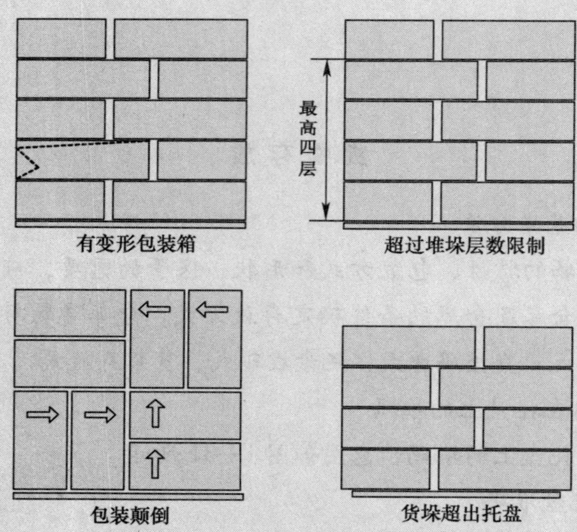

图 1—32　不合理的托盘堆码示意图

相关链接

货物编码

仓储中心会对进入仓库的货物进行编码，以提高货物管理的效率，增加货物管理的准确性。

1. 货物编码的原则

(1) 唯一性。编码结构必须保证每一个编码对象仅有一个唯一的编码，也就是说，一个编码应与指定的类目一一对应。

(2) 可扩性。在编码结构体系里应留有足够的备用码，以适应新类目的增加和旧类目的删减需要，使扩充新编码和压缩旧编码成为可能，从而使分类和编码集可以进行必要的修订和补充。

(3) 简明性。编码应尽可能简明，即尽可能使编码的长度最短。这样既便于手工处理，减少差错率，也能减少计算机的处理时间和存储空间。

(4) 稳定性。编码必须稳定，不宜频繁变动，否则将造成人力、物力、财力的浪费。因此，编码时应考虑其最少变化的可能性。一旦确定后就不要变更，这样才能够保持编码体系的稳定性。

(5) 层次性。编码要层次清楚，能清晰地反映货物分类关系和分类目录内部固有的逻辑关系。

(6) 易处理性。商品编码要具有检测差错的自身核对性能，以适应计算机的处理。

2. 货物编码的方法

(1) 数字法

例：1—毛巾，2—肥皂，3—洗涤剂。

1.1 为白毛巾，1.2 为蓝毛巾，1.3 为花毛巾。

(2) 实际意义编码法

例：FO 4810 A2－15。

FO：食品类；4810：包装尺寸 4×8×10；A2：A 区第二排货架；15：有效期 15 天。

(3) 暗示编码法

例：BY 26 WM 10。

BY：自行车 (bicycle)；26：车轮半径为 26 cm；WM：白色 (white) 男式 (man)；10：供应商编号。

3. 货物编码案例

嘉禾物流仓储中心电器类货物编码要求见表 1—7。

表 1—7　电器类货物编码规则

项目	名称	代码	位置（左起）	位数
客户	嘉禾物流仓储中心	1	第一位	1
次级类别	家电	01	第二、第三位	2
次级类别	计算机产品	02	第二、第三位	2
次级类别	小家电	03	第二、第三位	2
次级类别	手机产品	04	第二、第三位	2
明细	商品名称及型号	000	第四、第五、第六位	3

完成的货物编码见表 1—8。

表 1—8　货物编码一览表

序号	货物名称	规格型号	货物编码	序号	货物名称	规格型号	货物编码
1	长虹液晶电视	LT42700	101001	11	联想键盘	LXH－SX9290	102007
2	长虹液晶电视	R2518AE	101002	12	联想鼠标	N30A	102008
3	格力空调	KFR－23GW/K(23556)D1－N5	101003	13	飞乐音箱	HS－603	102009
4	容声电冰箱	BCD－108/HC	101004	14	奔腾电磁炉	PC22N－B	103001
5	DELL 机箱	220s	102001	15	飞利浦剃须刀	HQ6070	103002
6	DELL 液晶显示屏	E2209W	102002	16	飞利浦电吹风	HP4823	103003
7	DELL 键盘	U22	102003	17	联想手机	S700	104001
8	DELL 鼠标	XN967	102004	18	联想手机	I60	104002
9	联想机箱	T350	102005	19	联想手机	P619	104003
10	联想液晶显示屏	LXH－GJ17L3	102006	20	联想手机	E522	104004

任务四 入库上架

货物的理货作业完成后，装卸搬运人员需要根据货物的储位分配信息完成货物的入库上架作业。在货物上架作业过程中，伴随着大量装卸和搬运作业。因此，合理的装卸搬运是提高物流效率的重要手段之一。入库上架作业流程如图 1—33 所示。

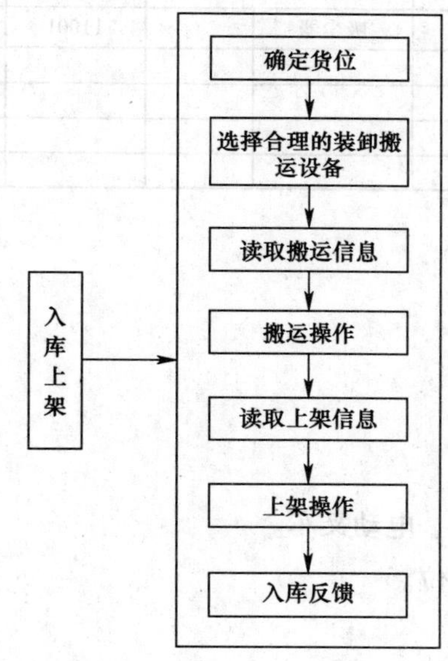

图 1—33 入库上架作业流程图

学习目标

能够选取和划分储位

能够对货位进行编号

能够核对各种入库单证

能够利用手持终端采集货物信息

能够正确选择装卸搬运设施及工具

能够独立完成上架作业

操作任务

BIG-Market 申请入库的一批吸尘器已经理货完毕，仓管员张力需要根据入库指示，将入库理货区堆码好的托盘吸尘器上架至托盘货架区的正确货位。制作完成的储位分配单见表 1—9。

表 1—9　储位分配单

作业单号	0000000000023124			库房	嘉禾物流仓储中心			
货品明细								
位置	货品编码	货品名称	规格	批次	应放	实放	单位	备注
C00646-G00101	980100648	吸尘器		11001	24	24	箱	

操作准备

（1）熟悉仓库布局。

（2）了解仓库储位分布。

（3）准备手持终端。

（4）申请调用电动搬运车、电动叉车。

（5）装卸搬运人员准时到位。

操作步骤

步骤一：确定货位

1. 了解货架布局

嘉禾物流仓储中心 102 区的一楼为托盘流动货架区，负责整件拣选、分类、暂存、发货。托盘流动货架区根据存放货物的种类和性质共分 A、B、C、D 四个区域，A 区和 B 区以存放电器类的货物为主，其布局如图 1—34、图 1—35 所示，共有 4 排托盘流动货架，每排货架有 3 层，每层 12 列。

2. 进行货位编码

货位编码的方法分为地址法、区段法、品类群法等，一般比较常用的是地址法的四号定位法。嘉禾物流仓储中心采用的具体编制方法如下：

（1）确定存储区域编码（见图 1—36）

（2）确定货架编号（见图 1—37）

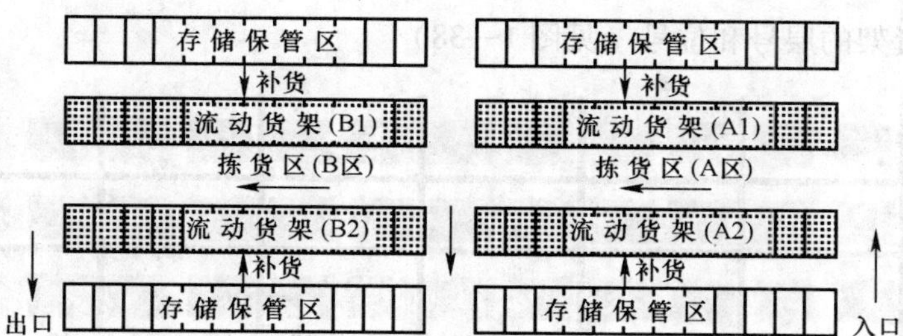

图 1—34　托盘流动货架区布局图

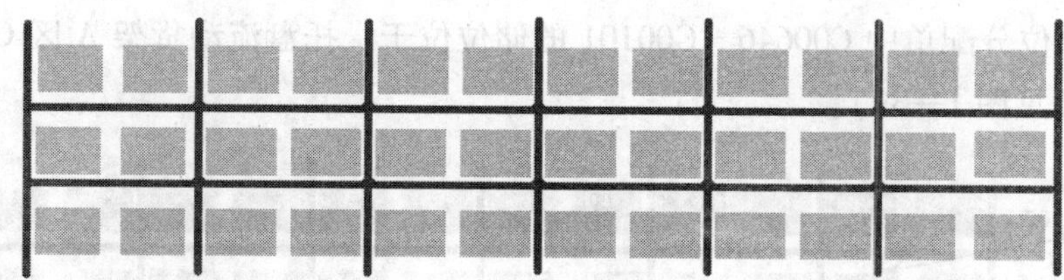

图 1—35　货架正面平视图

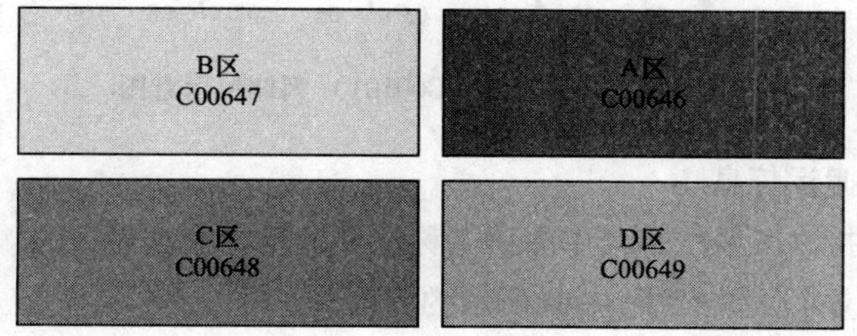

图 1—36　托盘流动货架区编码

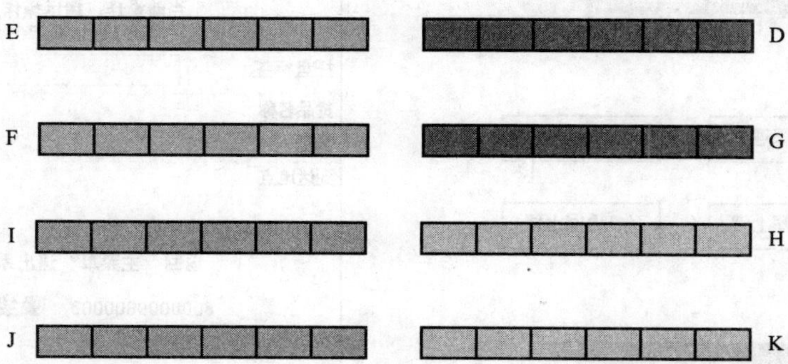

图 1—37　托盘流动货架区货架编号

（3）确定货架的层号和位号（见图 1—38）

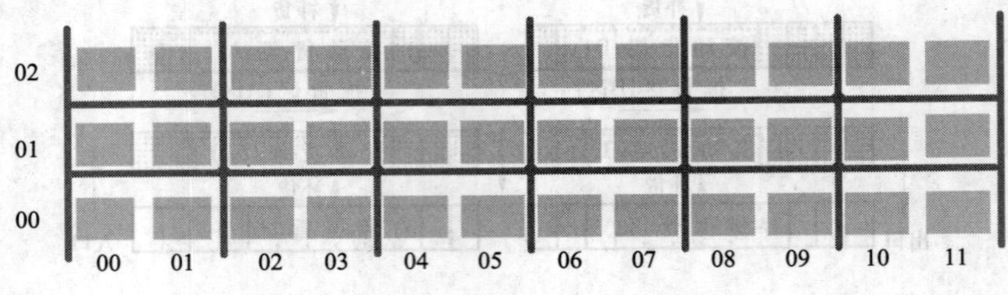

图 1—38　货架层号和位号

因此，储位分配单中 C00646 - G00101 的储位位于：托盘流动货架 A 区 G 列货架绿色标注的位置（见图 1—39）。

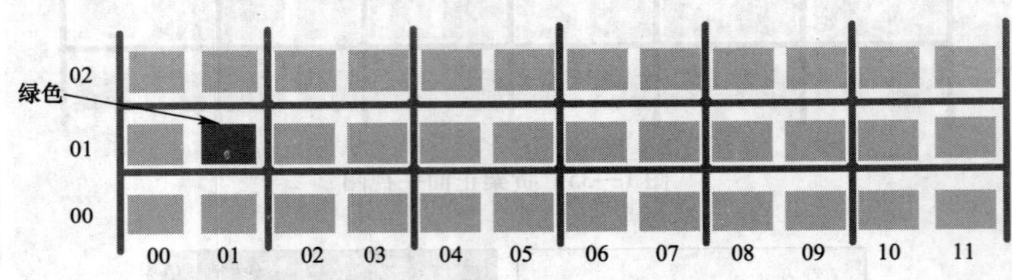

图 1—39　A 区 G（G00101）列储位示意图

步骤二：读取搬运信息

仓管员登录手持终端系统，其中库房名称选择嘉禾物流仓储中心。登录后，点击主功能界面的【入库作业】，进入图 1—40 所示的界面。

点击【入库搬运】，进入图 1—41 所示的界面。手持终端下方提示需搬运货物的信息。

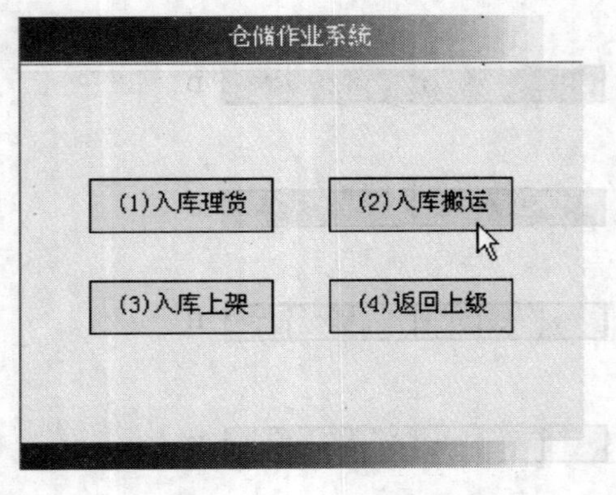

图 1—40　入库作业主要功能按钮

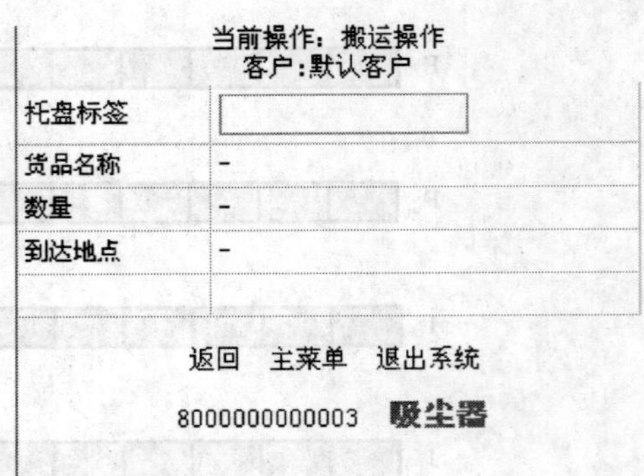

图 1—41　入库搬运

仓管员根据手持终端提示采集托盘标签，信息采集成功后，手持终端系统自动提示搬运的货品名称、货品数量及到达地点等信息，点击【确认搬运】，界面如图 1—42 所示。

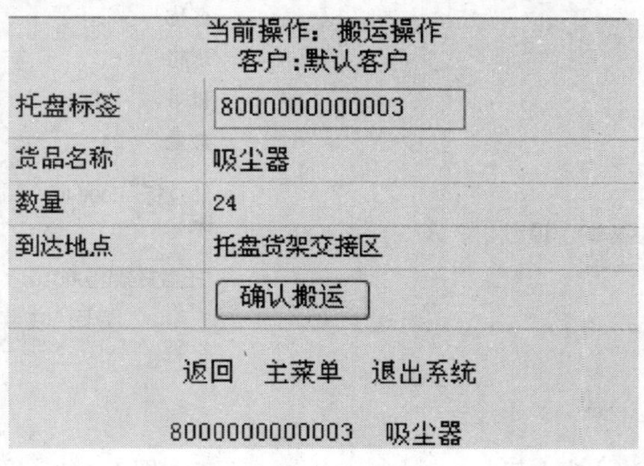

图 1—42 采集托盘信息

步骤三：搬运操作

仓管员利用电动搬运车将托盘货物搬运至托盘货架交接区，如图 1—43 所示。

步骤四：读取上架信息

登录手持终端系统，点击手持终端主功能界面的【入库作业】，进入图 1—44 所示的界面。

图 1—43 搬运操作

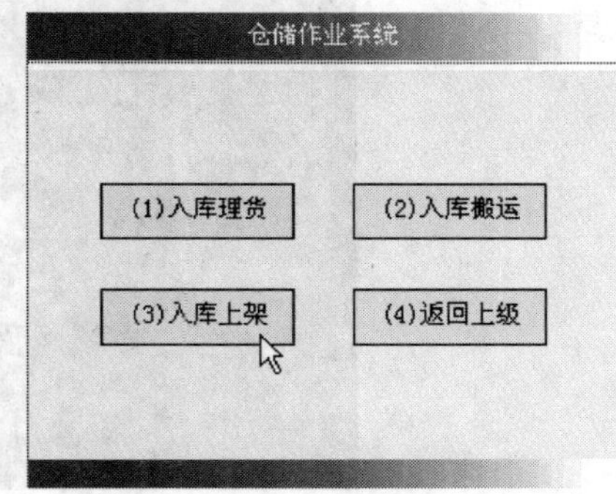

图 1—44 入库作业主要功能按钮

点击【入库上架】，进入图 1—45 所示的界面。手持终端下方提示需上架货物的信息。

仓管员利用手持终端采集托盘标签信息，信息采集成功后，手持终端系统自动提示目标储位等信息，界面如图 1—46 所示。

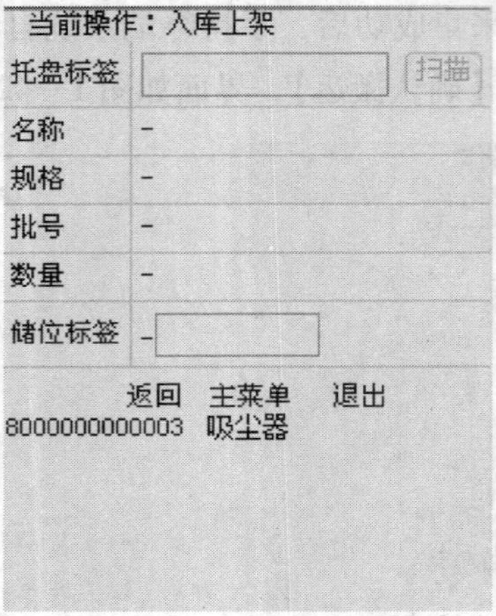

当前操作：入库上架

托盘标签	扫描
名称	-
规格	-
批号	-
数量	-
储位标签	-

返回　主菜单　退出
8000000000003 吸尘器

图 1—45　入库上架

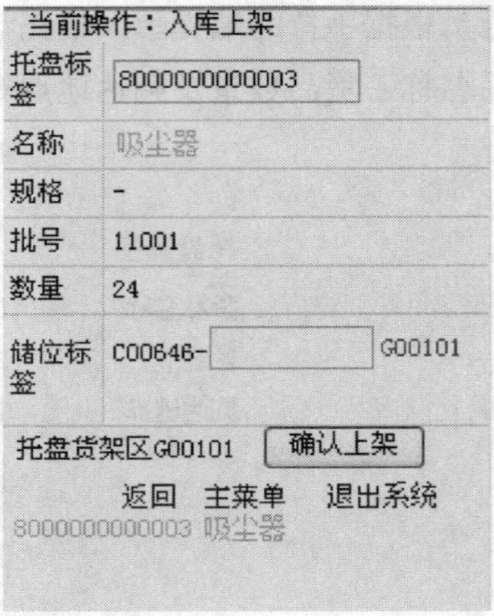

当前操作：入库上架

托盘标签	8000000000003
名称	吸尘器
规格	-
批号	11001
数量	24
储位标签	C00646-　G00101

托盘货架区G00101　确认上架
返回　主菜单　退出系统
8000000000003 吸尘器

图 1—46　采集托盘信息

步骤五：上架操作

仓管员利用电动叉车将货物从托盘货架交接区上架至手持终端系统中提示的目标储位，如图 1—47 所示。

图 1—47　上架操作

上架完成后，登录手持终端系统，进入图 1—46 所示的界面。利用手持终端扫描上架货物的储位标签，信息采集成功后，进入图 1—48 所示的界面，点击【确认上架】。

步骤六：入库理货完成

仓管员返回手持终端系统主菜单界面，如图 1—26 所示。

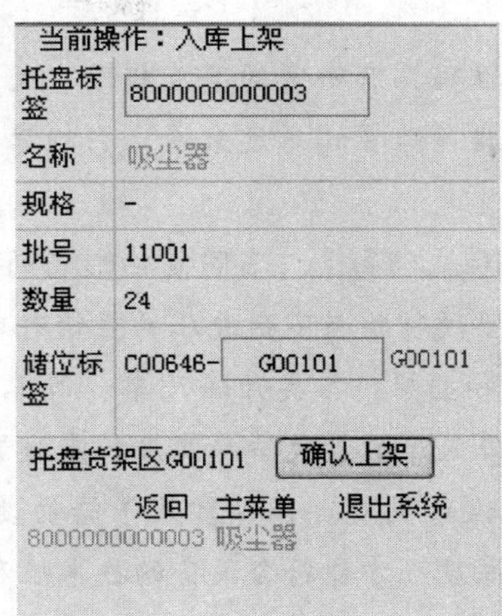

图 1—48　确认上架

点击【入库理货】，进入图 1—27 所示的界面，点击【完成】，至此 BIG - Market 24 箱吸尘器的入库作业操作完成。

相关链接

仓储空间的设计

影响具体的设备配置与空间设计的因素包括三个方面：影响货架摆放、搬运车辆移动和输送分类设备的安置的柱子距离，影响货架高度和货物堆放高度的梁下高度，影响保管使用面积及搬运作业方便性的通道布置。

1. 库内柱间距设计

影响库内柱间距设计的因素主要有三个：

(1) 进入仓库区内的货车数量及种类。不同的车型，其体积、长度不同，要求的停靠空间不一样。

(2) 保管区储存设备的种类及尺寸。保管区的空间设计应尽可能保证完整地安放设备，因此，必须配合储存设备的规划来决定柱间距。

(3) 保管区出入口的影响。受自动输送机及叉车、吊车设备的限制，柱间距必须依据通道宽度及储存设备间距等尺寸来计算。

2. 库内梁下高度的设计

在储存空间中，库内梁下高度太低会影响空间利用率，太高又会增加管理费用和投资成本，而且货物堆码具有一定的高度极限，叉车的最大举升高度及货架高度也都有一定界限。从储存保管的角度来看，影响库内梁下高度的因素主要有四个方面：

（1）保管货物的形态和堆码高度。不同货物形态的堆码方式不同，堆码高度极限也不一样，耐叠压的坚硬货物与不耐叠压的货物对库房空间高度的要求不同。

（2）搬运设备的种类和型号。各类升降叉车、吊车、卡车等搬运设备具有不同的设计规格，例如，升降叉车的最大举升高度就直接影响货物堆码的高度。

（3）储存保管设备的设计高度。各种货架等储物设施都有其基本架设高度，装设货架时达到基本架设高度，才能符合设备的技术性和经济性。

（4）梁下余隙的尺寸。为了安装消防、空调、采光等设施，在库内梁下需要预留空间，而预留空间的大小对库房高度的利用率会产生影响。

3. 通道设计

（1）通道设计顺序。先确定主要通道的位置及宽度，再依次规划服务设施通道和其他次要通道。主要通道一般沿库房长度方向；交叉通道沿宽度方向；其他为存货或验货提供货物进出的服务通道以及人员、消防、电梯等次要通道应尽可能限制。

（2）通道的宽度。一般 6 m 宽的库房可以设一条宽 1.5 ~ 2 m 的主通道，通常占有效地面面积的 20% ~25%；一个 180 m 宽的大型库房可以设 3 条宽 3.6 m 的通道，约占有效地面面积的 6%，再加上次要通道，共占有效地面面积的 10% ~ 12%，所以，通常面积越大的库房，地面的利用率就越高。

（3）流量经济性。即让库房通道的人和物的移动形成路径。

（4）安全条件。必须随时要求通道畅通且具有足够的宽度，以适应各种危险情况。

相关链接

货物上架

1. 货架编码原则

（1）根据货物类型区分大类，如一类——家用电器、二类——手机数码、三类——计算机产品等。

一类货物自定义货架号格式为：1A－11，“1”表示为一类货物（家用电器），“A”表示货物存放于A架，“－1”表示存放于货架第一层（层数定义为面向货架自下而上，自左向右），尾数1表示货位，“－11”表示第一层第一位。虚拟货位：尾数为0（便于空间综合利用）。尾数排顺序为从1至0。

二类货物自定义货架号格式为：2A－01，“2”表示为二类货物（手机数码）。三类货物自定义货架号格式为：3A－11，其他说明同上。

（2）对现存放于库房的未能确定具体位置的货物（设立在储存位），系统定义为虚拟（储存位）货架号，格式为：类别＋架号＋虚拟数（例如，1A－20表示1类货物存放于A架）。

（3）不同仓位可以有两个相同货物（如储存位与拣货位）。一个货架位可以存放多个货物（有限数）。一个货物在某个仓位只能有一个货架位。

2. 货物上架位置优化

（1）活动货物、赠品优先考虑放置在靠近验货台的货架。

（2）畅销货物（周转率高者）优先考虑放置在等腰高位置的第二、第三层，滞销货物尽量远离验货台（区）及货架较高的位置。

3. 职责要点

（1）上架人员除应遵守货架编码规则外，还应遵守先进先出规则，即在货物上架时将原有货物放置于货架外侧，将新入货物放置于货架里侧。

（2）注意：上架途中如有货位调整，必须及时登记，交统计人员进行系统货位调整。库区实物货位调整需登记上报货架号，及时配合统计人员进行系统货位调整。

任务五　在库安全管理

学习目标

能够对货物进行保养

能够采取简单的消防措施

操作任务

根据嘉禾物流仓储中心仓库管理制度，仓管员张力需要每天对仓库进行一次全面的日常检查，检查记录见表1—10。2011年1月21日，张力开始对仓库进行日常检查。

表1—10　　仓库日常检查记录表

序号	检查项目	1月17日	1月18日	1月19日	1月20日	1月21日	1月22日	1月23日
		星期一	星期二	星期三	星期四	星期五	星期六	星期天
1	库房清洁							
2	作业通道							
3	货品状态							
4	库房温度							
5	相对湿度							
6	库房照明							
7	用具管理							
8	托盘维护							
9	消防通道							
10	消防设备							
11	库房门窗							
12	防盗措施							
13	标志标识							
14	员工出勤							
15	安全防护							
检查人签字								

操作准备

（1）准备日常检查记录表。

（2）准备货物异状情况表。

（3）准备仓库温湿度记录表。

（4）准备签字笔、纸等基本工具。

（5）准备密封材料。

（6）准备防霉腐、防虫鼠的器械工具。

（7）检查、保养人员准时到位。

操作步骤

步骤一：在库货物检查

仓管员检查在库货物时，主要从最易发生问题的地方入手，如近窗、沿墙、垛底、垛心等处，特别注意货物温度、水分、气味、包装物外观、货垛状况是否有异。张力在检查过程中发现暂存平堆区的4箱电煎锅外包装有霉变现象，于是认真填写了货物异状情况表，见表1—11，并及时向相关负责人汇报，进行货物霉腐救治，以使货物损失降到最低。

表1—11　　嘉禾物流仓储中心货物异状情况表

时间：2011年1月21日　　检查人：张力

序号	货物名称	货物编码	储位	异状情况	处理结果
1	电煎锅	12707	A00642	4件外包装霉变	对货物晾晒处理

步骤二：调节仓库温湿度

1. 测定仓库温湿度

嘉禾物流仓储中心使用干湿球温度表测定空气温湿度，如图1—49所示。干湿球温度表安置在空气流通、不受阳光照射的地方，悬空挂在离地面1.5 m左右处。张力定时对库内的温湿度进行观测记录，记录表见表1—12。一般在上午8点至10点、下午2点至4点各观测一次，同时对每次观测信息都做详细记录。

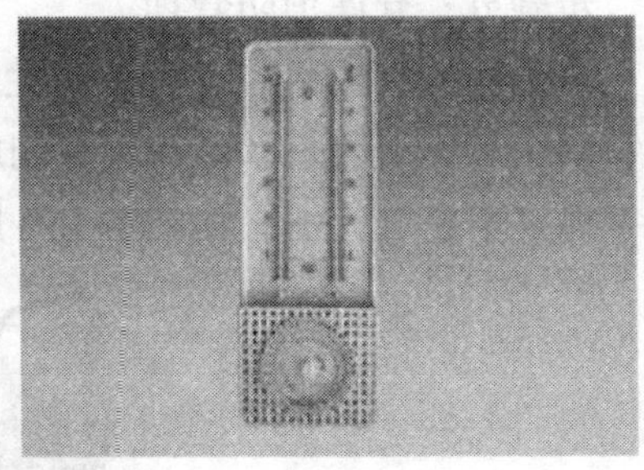

图1—49　干湿球温度表

表1—12　　仓库温湿度记录表

库房：嘉禾物流仓储中心　　储存货物：电子产品

时间	天气	上午					下午					备注
		温度(℃)		湿度		调节措施	温度(℃)		湿度		调节措施	
		库内	库外	库内	库外		库内	库外	库内	库外		

2. 调节仓库温湿度的方法

嘉禾物流仓储中心采用密封、通风与吸潮相结合的办法，控制和调节仓库温湿度。

（1）密封。常用的密封材料有塑料薄膜、防潮纸、油毡、芦席等。在密封前须检查货物质量、温度和含水量是否正常，如发现生霉、生虫、发热等现象就不能进行密封。

（2）通风。库内外温差越大，空气流动就越快。若库外有风，借风的压力更能加速库内外空气的对流。但风力也不能过大（风力超过5级，灰尘较多）。

（3）吸潮。在梅雨季节或阴雨天，当库内湿度过高，不适宜保管货物，而库外湿度也过大，不宜进行通风散潮时，可以在密封库内用吸潮的办法降低湿度。用吸湿机把库内的湿空气通过抽风机，吸入吸湿机冷却器内，使它凝结为水而排出。

步骤三：货物霉腐防治

一般仓库防止货物霉腐的措施有温控法、湿控法、除氧剂除氧法、气调储存、酸碱度控制法、化学方法、物理方法等。救治货物霉腐的措施一般包括晾晒、高温烘烤、药剂熏蒸、紫外线照射等。嘉禾物流仓储中心一般采用温控法和晾晒来预防和救治货物霉腐。

步骤四：仓库虫鼠害防治

防治仓库害虫的方法有使用驱虫剂驱虫法、灯光诱杀除虫法、高温或低温除虫法、熏蒸除虫法、密闭法等。防治仓库鼠害的方法有器械捕鼠法、毒饵诱杀法、粘鼠胶法等。

步骤五：仓库消防管理

嘉禾物流仓储中心设立仓储主管为防火负责人，全面负责仓库的消防安全管理工作；组织制定了安全管理和值班巡逻制度，落实逐级防火责任制和岗位责任制，配备了推车式和手提式干粉灭火器，如图 1—50 所示；拟订了灭火应急方案，定期组织扑救火灾演习。

a）推车式干粉灭火器

b）手提式干粉灭火器

图 1—50　灭火器

1. 内装式手提干粉灭火器的使用方法

灭火时，先拔下保险销，将喷枪对准火焰根部，握住提把，然后用力按下压把，开启阀门，气体充入筒内，干粉即从喷嘴喷出灭火。扑救地面油火时，要采取平射姿势，左右摆动，由近及远，快速推进。

2. 外装式手提干粉灭火器的使用方法

一只手握住喷嘴，另一只手提起提环，握住提柄，将喷嘴对准火焰根部。当提起提环时，阀门即打开，二氧化碳气体经进气管进入筒身内，在气体压力作用下，干粉经过出粉管、胶管由喷嘴喷出，形成浓云般粉雾。灭火器应左右摆动，由近及远，快速推进灭火。注意使用前，先要上下颠倒几次，使干粉松动后，再提起提环喷粉。

3. 推车式干粉灭火器的使用方法

先取下喷枪，展开出粉管，提起进气压杆，使二氧化碳气体进入储罐。当表压升至0.7～1.1 MPa 时（0.8～0.9 MPa 灭火效果最佳），放下压杆停止进气。同时两手持喷枪，枪口对准火焰边沿根部，扣动扳机，干粉即从喷嘴喷出，由近至远灭火。如扑救油火时，应注意干粉气流不能直接冲击油面，以免油液激溅引起火灾蔓延。

相关链接

仓库安全管理

仓库安全管理是仓库管理的重要组成部分。仓储部门应加强危险品的监督检查，严禁带入火种，防止汛期水害，采取科学方法，消除各种危险隐患，有效防止灾害事故的发生，保护仓库中人、财、物的安全。

1. 加强仓库防盗能力

(1) 仓管员对出入仓库人员的身份进行确认，做好记录。外部人员进入仓库，需要开具证明，防止危险人物混入。

(2) 物资出库作业时，仓管员应注意现场作业情况，观察作业人员举动，防止作业人员将物资夹带出去。

(3) 严格执行各类物资的入库、领用、借用、归还、清退、交换、核对制度。

(4) 严格执行仓库出入检验制度，出入货物上应注明品名、规格、数量等，确认单、物相符后方可放行。

(5) 检查仓库的防盗设施设备情况，检查完毕后填写仓库防盗设施设备情况一览表，见表1—13；如有损坏，及时修缮。

(6) 每天下班后，将所有门窗关闭。

表1—13　　仓库防盗设施设备情况一览表

序号	防盗设施设备	数量	完好程度	使用有效期	备注

2. 加强仓库防水能力

仓管员要积极进行仓库防水工作，防止货物受潮或被水浸泡，具体检查内容见表1—14。

表1—14　　仓库防水检查一览表

序号	防水检查项目	具体检查内容
1	地面	地面是否存在积水现象，供水管道是否存在漏水现象，下水管道是否存在堵塞情况等
2	墙壁	墙壁防水材料是否脱落，墙壁是否有水珠出现等
3	顶棚	顶棚防水漆是否脱落，防雨布是否破损，顶棚是否有漏洞等

3. 加强仓库防电能力

仓管员要在日常进行电器检查、电路检查工作，确保线路正常运行。

（1）日常检查。具体日常检查内容见表1—15。

表1—15　　仓库防电检查一览表

序号	防电检查项目	具体检查内容
1	线路	插座与线头接口是否牢固，线路更新是否及时，临时线路设施是否合理，保险装置是否有效，电闸箱是否完好等
2	灯具	白炽灯是否正常发光，应急灯状态是否良好等
3	电路的设置	主电路设置是否合理，作业设备的电路设置是否符合要求，照明设备的电路设置是否合理，风扇的电路设置是否正确，预警线路连接是否正确，备用线路状态是否良好等
4	开关	主闸设置是否合理，区域电闸的设置是否合理，单个开关设置是否合理等
5	防静电作业	每日工作前是否接受静电检查，每日工作时是否佩戴防静电腕带，进入工作室时是否穿防静电服，易产生静电的地方是否粘贴、悬挂防静电标志，车辆打火时是否到指定区域进行，车辆作业时是否悬挂导地铁链，地面是否安装防静电体，作业时是否使用非金属材料工具，作业前是否消电、消磁等

（2）防电管理预防

1）对燃点较低的货物，不准使用碘钨灯和超过60 W以上的灯具高温照明，不准用可燃材料做灯罩。

2）库房内不能设置移动式照明灯具。

3）照明灯具垂直下方与储存物品水平间距离不得小于0.5 m。

4）库房内铺设的配电线路，需穿金属管或用非燃硬塑料管保护。

5）库房内不准使用电炉、电烙铁、电熨斗等电热器具和电视机、电冰箱等家用电器。

6）制定防雷设施规范，设置防雷装置，并定期检测，保证有效。

7）仓库的电气设备必须由持上岗证的电工进行安装、检查、维修和保养。

4. 加强仓库防火能力

（1）日常检查。仓管员从电气设备、器械、火源、存储规范四个方面进行检查，确认是否存在火灾隐患，对易燃物资、电线线路等作重点检查，具体情况见表1—16。

表1—16　　　　仓库防火检查一览表

序号	防火检查项目	具体检查内容	相关文件
1	电气设备	检查用电负荷、电线等	电气设备位置图
2	器械	叉车进入库区是否有防护罩、是否存在易产生火花的工具，器械是否在库房内修理等	器械检查记录、器械使用规范
3	火源	易燃物是否及时清理，库区是否使用明火等	火源检查记录
4	存储规范	易燃物资是否被隔离，易燃物资是否出现“跑”“冒”“滴”“漏”等现象，灯具与物资的距离是否适宜，通风散热状况是否正常等	存储检查记录

（2）隐患处理。仓管员发现仓库某处有火灾隐患时，应立即处理，并上报领导。

（3）检查仓库的消防设施设备情况。认真检查仓库的消防设施设备情况，保证设备完好，数量足够，检查完毕后填写仓库消防设施设备情况一览表（见表1—17），并及时更换损坏或过期的消防设施设备。

表1—17　　　　仓库消防设施设备情况一览表

序号	消防设施设备	配置数量	保养情况	报废年限	备注
1	灭火器				
2	消防水桶				
3	消火栓箱				
4	防火墙				
5	防火隔离带				
6	防火门				
7	消防应急灯				
8	消防应急包				

(4) 采取积极的预防措施，防止火灾的发生。仓管员在货物入库前，确定无火种隐患后，方准入库；将使用过的油棉纱、油手套等纤维物品和可燃包装存放在安全地点，及时处理；冬季供暖时，散热器、供暖管道与存储货物的距离大于0.3 m；清理库区的消防通道和仓库的安全出口，保证没有堆放物品。

第二节　盘点作业

盘点是对库内的商品或货物定期或不定期地进行全部或部分清点，确实掌握货物的“进、销、存”，避免货物囤积太多或缺货，对于计算成本及损失是不可缺少的资料。盘点工作直接影响库存数据的准确性和及时性，也会影响仓储管理的质量。通过盘点，可使各类货物的实存数量、种类、规格得到真实反映；可以掌握各类货物的保管情况；可以查明各类货物的储备和利用情况；可以了解验收、保管、发放、调拨、报废等各项工作是否按规定管理。盘点作业的一般流程如图 1—51 所示。

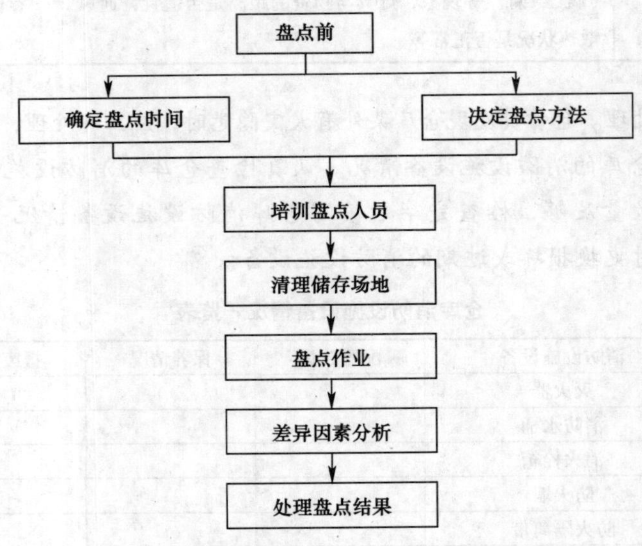

图 1—51　盘点作业的一般流程图

任务一　盘点准备

盘点准备是盘点工作顺利进行的前提条件。盘点负责人需要提前拟订好盘点计划，计划中需要对盘点具体时间、停止作业时间、账务冻结时间、初盘时间、复盘时间、人员安排及分工、相关部门配合及注意事项做详细安排。盘点准备作业流程如图 1—52 所示。

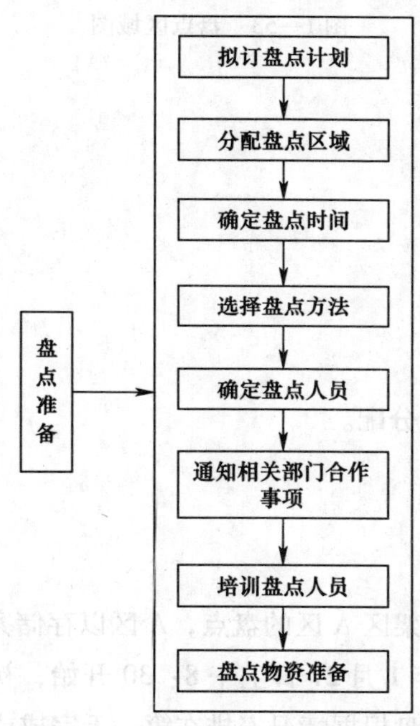

图 1—52　盘点准备作业流程图

学习目标

能够拟订盘点计划

能够选择适合的盘点方式

能够制作相应盘点单证

操作任务

嘉禾物流仓储中心执行月盘制度，盘点时间为每个月的 27 日、28 日两天。张力负责的盘点区域为托盘货架区A区的D列和G列货架，盘点区域图如图1—53所示。2011年1月21日，仓管员张力开始拟订本月的盘点计划。

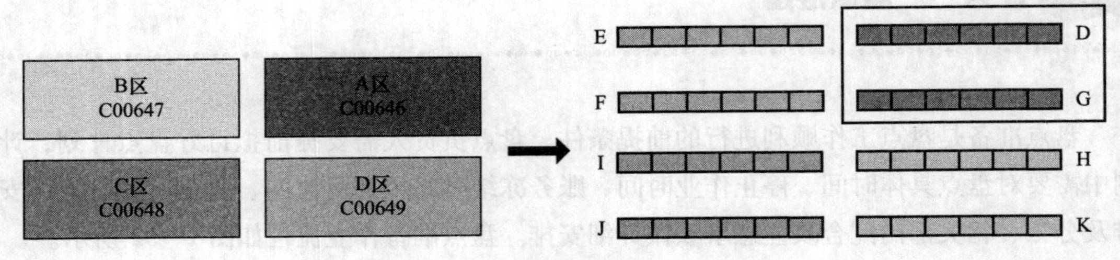

图1—53　盘点区域图

操作准备

（1）熟悉盘点区域。

（2）了解盘点流程。

（3）熟悉盘点方式。

（4）拟订盘点计划。

（5）准备盘点任务的角色分配。

操作步骤

步骤一：拟订盘点计划

1. 确定盘点时间

仓管员张力仅负责托盘货架区A区的盘点，A区以存储家电商品为主。依据公司盘点管理制度，盘点时间为2011年1月27日上午8：30开始，初盘计划在半天内完成。为验证初盘结果数据的准确性，复盘根据情况安排在第一天完成或在第二天进行。

2. 选择盘点方法

近期托盘货架区A区的小家电出入库流动速度较快，为降低存储货物的异常情况，仓管员张力决定对托盘货架区D列和G列小家电存储进行一次全面的现货盘点，也就是实地去点数，调查仓库内货物的库存数，确定账面记录是否与现货的结果完全一致。这种盘点法的优势在于如存在账货不符的现象，可以弄清究竟是账面盘点记错还是现货盘点点错，划清责任归属。

3. 确定盘点人员

根据仓储中心的盘点制度，仓管部负责初盘所有原料、辅料和成品；财务部负责复盘所有原料、辅料和成品。在本次盘点任务中仓管员张力为盘点组长兼查核人，一名仓管部人员王林为初盘人员；一名财务部人员高杰为复盘人员。

初盘人负责盘点过程中货物的确认和点数，正确记录盘点单，将盘点数据记录在“初盘点数”一栏，并签字确认。

初盘完成后，由复盘人负责对初盘人负责区域内的货物进行复盘，将正确结果记录在“复盘点数”一栏，并签字确认。

复盘完成后由查核人负责对盘点结果进行查核，记录盘盈或盘亏情况并签字确认。盘点明细表见表1—18。

表1—18　　嘉禾物流仓储中心仓库盘点明细表

库别							日期							金额单位：元	
序号	储位	物料名称	计量单位	单价	账面数		初盘点数		复盘点数		盘盈		盘亏		备注
					数量	金额	数量	金额	数量	金额	数量	金额	数量	金额	
1															
2															
3															
4															
5															
6															
7															
初盘人：							复盘人：					审核人：			

4. 通知相关部门

盘点前张力需要和相关部门进行沟通，通知具体的盘点时间，使相关部门提前准备，协助盘点作业的顺利进行。仓管部要将所有能入库归位的货物全部归位入库登账，不能归位入库或未登账的进行特殊标示，注明不参加本次盘点；信息部锁定仓储系统，冻结仓库物料；财务部需要将仓库账务全部处理完毕。

5. 培训盘点人员

盘点前张力组织盘点人员进行盘点作业培训，包括盘点作业流程培训、上次盘点错误经验、盘点中需要注意的事项（如禁止目测数量、估计数量）等。同时，落实盘点各项事宜，包括盘点人员及分工安排、异常事项如何处理、时间安排等。

6. 盘点汇总分析

复盘结束当天盘点负责人需收集整理盘点数据，并与系统数据进行核对。盘点后第二天，仓储部出具盘点差异报告。

步骤二：物资准备

盘点前张力需要提前准备A4夹板、空白盘点明细表、盘点差异清单、笔、透明胶、盘点卡、计算器等物料。

任务二　盘点作业

盘点作业不仅工作量大，而且非常烦琐，易疲劳。因此，为保证盘点正确性，除了加强盘点前的培训工作外，盘点作业时的指导与监督也非常重要。同时，为保证盘点质量，盘点人员应严格按照盘点计划执行盘点作业。盘点作业流程如图 1—54 所示。

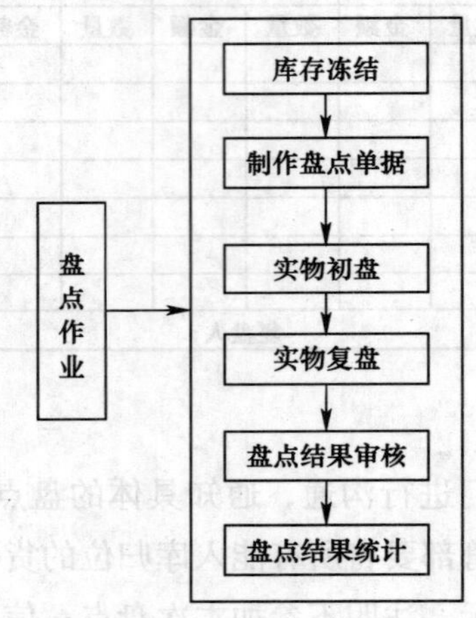

图 1—54　盘点作业流程图

学习目标

掌握预盘的方法

掌握复盘的方法

能够对盘点货物的内容进行合理检查

能够制作相应单证

操作任务

2011 年 1 月 27 日，嘉禾物流仓储中心的仓管员张力开始对托盘货架区 A 区客户 BIG－Market 的货物进行盘点，盘点区域的账面库存明细见表 1—19。

表 1—19　　　　库存明细（账面）

客户：BIG-Market

库房：嘉禾物流仓储中心　　　　日期：2011年1月27日

库区	储位	条形码	货物名称	产品规格	账面数量	单位
C00646	G00000	—	无	—	0	—
C00646	G00001	—	无	—	0	—
C00646	G00002	9787883203872	热水器	1×1	50	箱
C00646	G00003	—	无	—	0	—
C00646	G00004	—	无	—	0	—
C00646	G00005	—	无	—	0	—
C00646	G00100	—	无	—	0	—
C00646	G00101	9787799510521	吸尘器	1×1	24	箱
C00646	G00102	—	无	—	0	—
C00646	G00103	9787798966879	足底按摩器	1×1	16	箱
C00646	G00104	—	无	—	0	箱
C00646	G00105	—	无	—	0	箱
合计					214	

操作准备

（1）熟悉盘点计划。

（2）整理盘点区域账面明细表。

（3）准备空白盘点明细表。

（4）准备盘点差异清单。

（5）整理盘点区域。

（6）盘点人员准时到岗。

（7）分配盘点任务。

（8）明确盘点责任。

（9）准备盘点数据在系统中的设置。

操作步骤

步骤一：新增盘点任务

仓管员登录仓储管理系统，进入【仓储管理】→【盘点管理】→【盘点任务】，如图1—55 所示。

点击下方的【新增】按钮，进入图 1—56 所示的界面。

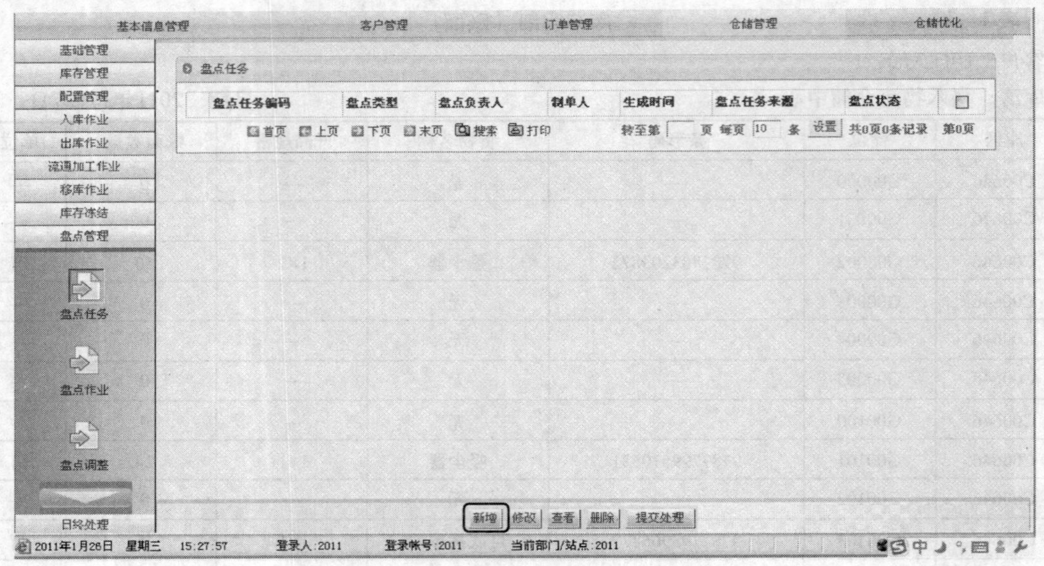

图 1—55　新增盘点任务

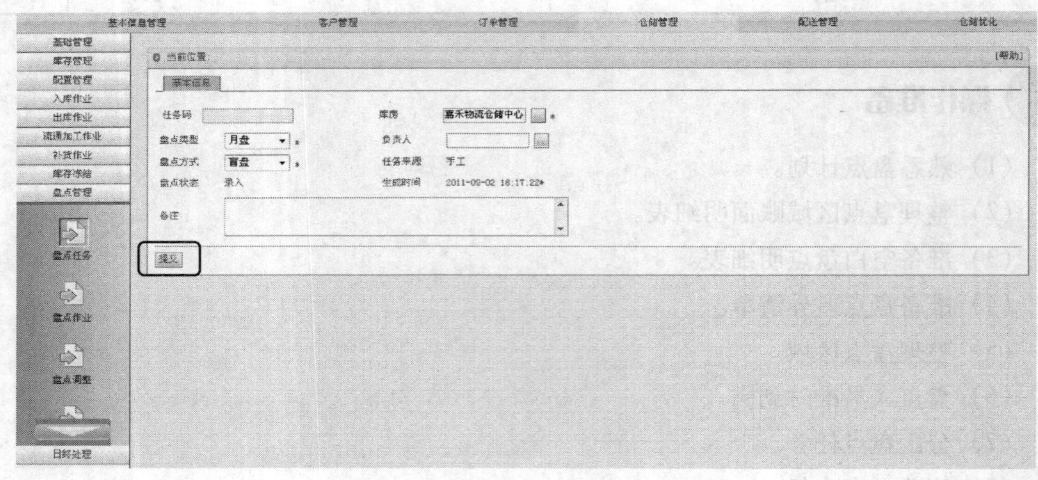

图 1—56　盘点任务基本信息

在界面中选择正确的【库房】和【盘点类型】，点击下方的【提交】按钮。

步骤二：库存冻结

进入【仓储管理】→【库存冻结】→【库存冻结】，如图 1—57 所示。

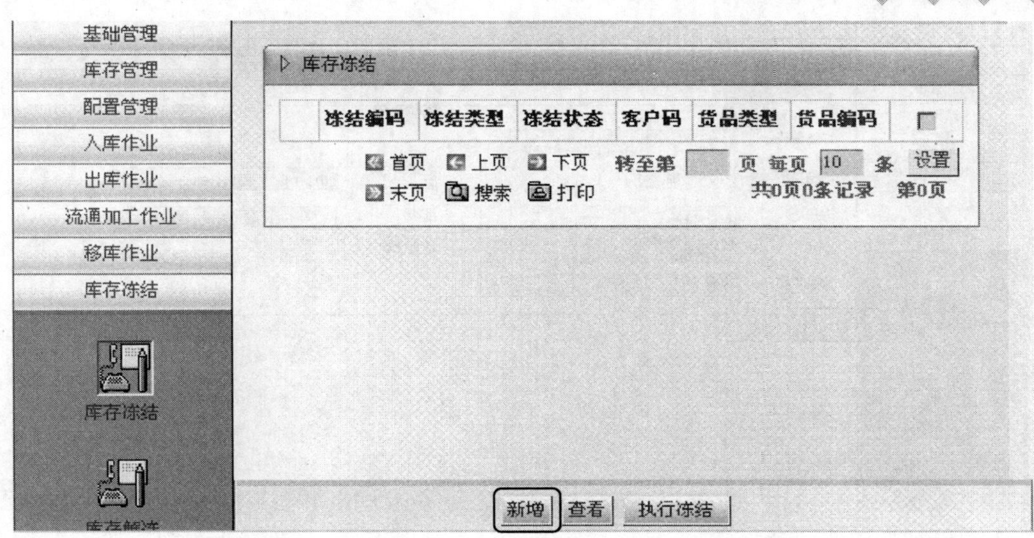

图 1—57　库存冻结

点击下方的【新增】按钮，进入图 1—58 所示的界面。

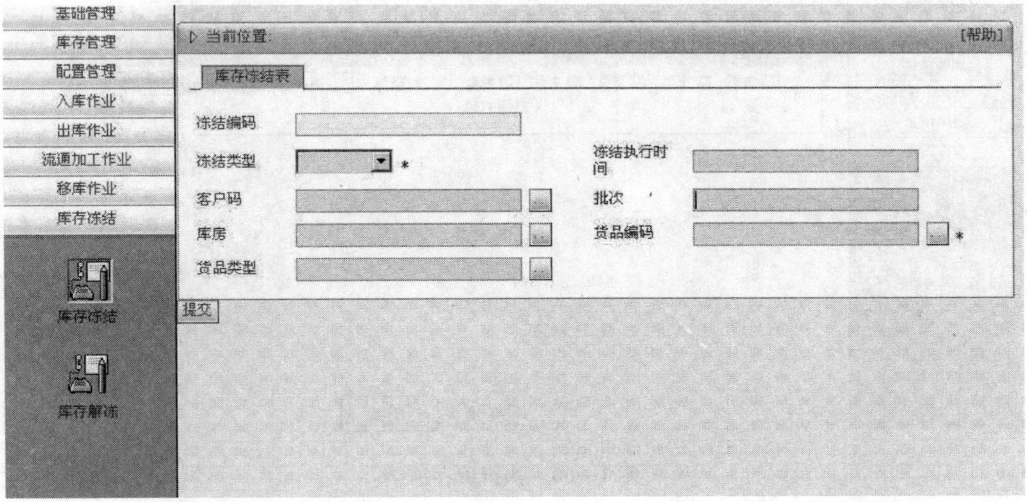

图 1—58　库存冻结录入界面

填写或选择【冻结类型】【客户码】【库房】等信息，如图 1—59 所示。

点击【提交】按钮，进入图 1—60 所示的界面。

仓管员勾选需要冻结的任务后点击下方的【执行冻结】按钮，完成冻结库存操作。

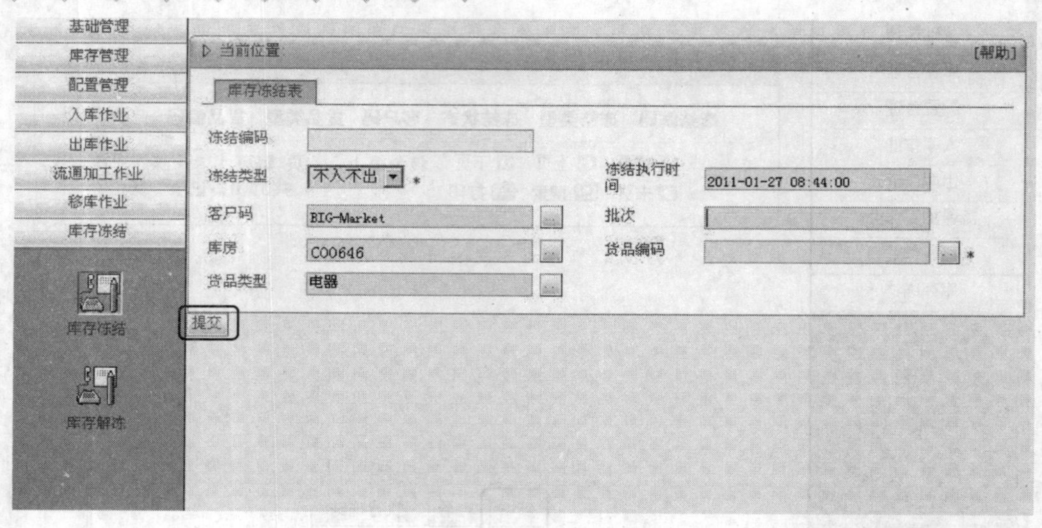

图 1—59　库存冻结表

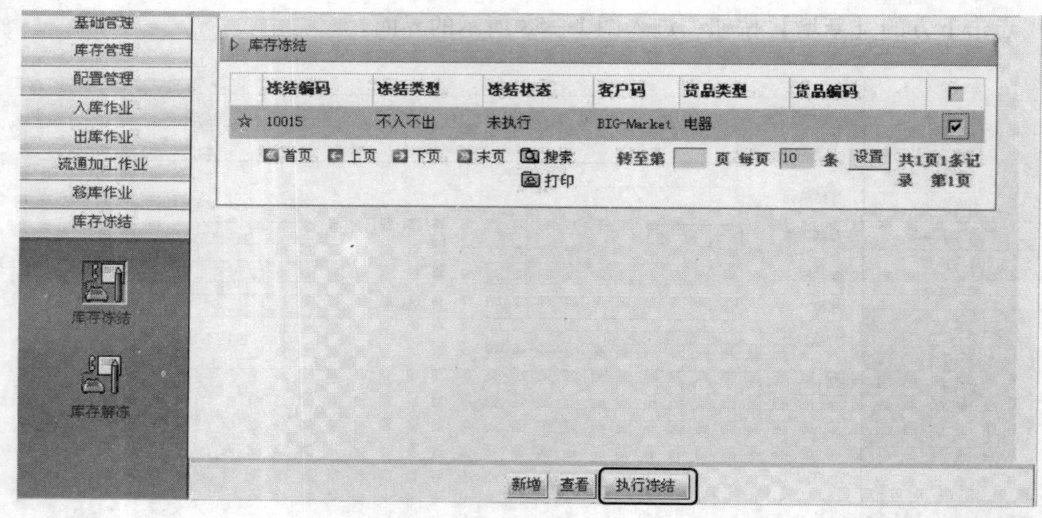

图 1—60　执行库存冻结

步骤三：制作盘点明细表

张力作为盘点组长，先针对指定存储区域储位的货物整理盘点明细表。整理完毕后的盘点明细表见表 1—20。

步骤四：打印盘点明细表

将整理完毕的盘点明细表打印一份。

表 1—20

嘉禾物流仓储中心仓库盘点明细表																
库别		C00646				日期			2011-01-27				金额单位：元			
序号	储位	物料名称	计量单位	单价	账面数		初盘点数		复盘点数		盘盈		盘亏		备注
					数量	金额	数量	金额	数量	金额	数量	金额	数量	金额	
1	G00000	无	—												
2	G00001	无	—												
3	G00002	热水器	箱	100	50	5 000									
4	G00003	无	—												
5	G00004	无	—												
6	G00005	无	—												
7	G00100	无	—												
8	G00101	吸尘器	箱	150	24	3 600									
9	G00102	无	—												
10	G00103	足底按摩器	箱	60	16	960									
11	G00104	无	箱												
12	G00105	无	箱												
初盘人：						复盘人：						审核人：			

步骤五：实物初盘

盘点组长张力将盘点明细表交予初盘人员王林。王林手持盘点明细表到指定盘点区域开始盘点。

使用给定的用户名和密码登录手持终端，仓库选择嘉禾物流仓储中心。

点击【登录】后，进入盘点前的操作界面。

点击【盘点】，进入图 1—61 所示的界面。

点击【盘点】，进入图 1—62 所示的界面。

当前操作：盘点作业

单号	类型	生成时间	操作
10068	月盘/盲盘	02 18:17	盘点 ǀ 完成

上页 下页
主菜单 退出系统

图 1—61　盘点界面

当前操作：盘点作业
货位
货品条码
名称 –
规格 –
批次 –
数量 0 –
保存&下一条 盘点完成
返回上级 主菜单 退出系统

图 1—62　盘点作业界面

王林使用手持终端扫描盘点区域中的一个货位标签，扫描成功后，手持终端显示信息如图 1—63 所示。

王林对扫描货位上的货品进行确认，确认信息包括货品条形码、货品名称、规格和批次。确认无误后清点数量，并将清点完成的数量输入手持终端，如图 1—64 所示。

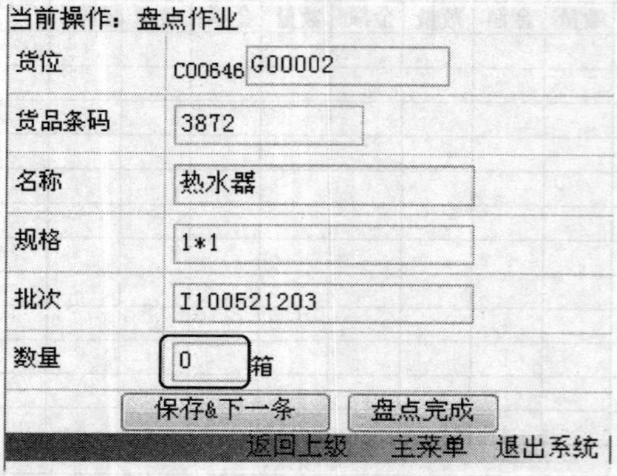

当前操作：盘点作业
货位
C00646 G00002
货品条码
3872
名称
热水器
规格
1*1
批次
I100521203
数量
0
箱
保存&下一条
盘点完成
返回上级
主菜单
退出系统

图 1—63　读取货位信息

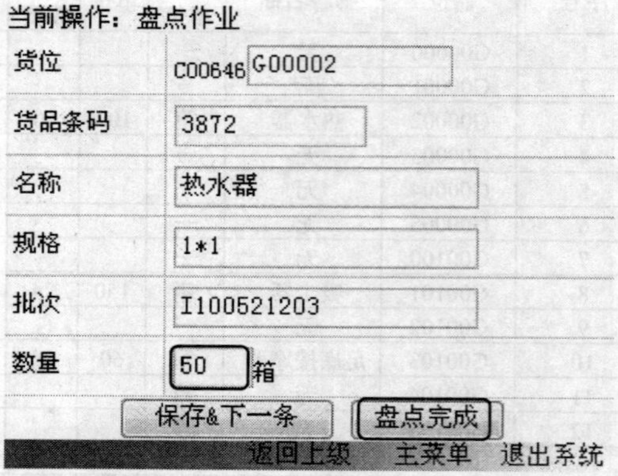

当前操作：盘点作业
货位
C00646 G00002
货品条码
3872
名称
热水器
规格
1*1
批次
I100521203
数量
50
箱
保存&下一条
盘点完成
返回上级
主菜单
退出系统

图 1—64　输入盘点数量并确认

点击【盘点完成】，即本货位存储货物的盘点信息与系统信息一致，进入下一个货位的盘点。

初盘员王林使用手持终端继续扫描盘点区域中的货位，根据手持终端的显示信息对货物进行确认，并将清点完成的吸尘器数量输入至手持终端，如图 1—65 所示。

点击【盘点完成】，出现图 1—66 所示的界面。

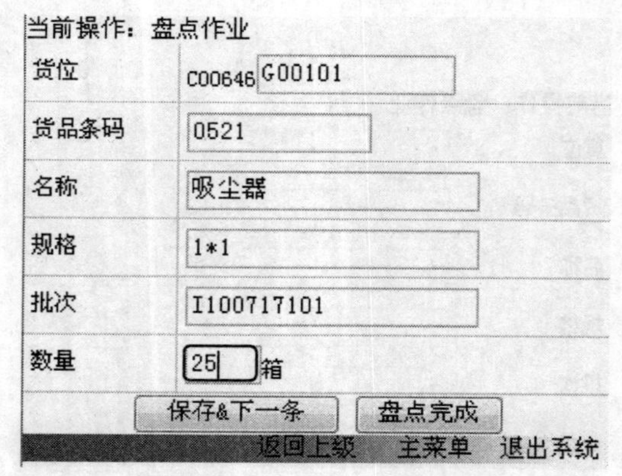

当前操作：盘点作业
货位
C00646 G00101
货品条码
0521
名称
吸尘器
规格
1*1
批次
I100717101
数量
25
箱
保存&下一条
盘点完成
返回上级
主菜单
退出系统

图 1—65　输入盘点数量并确认

当前操作：盘点作业
货位
C00646 G00101
Microsoft Internet Explorer
数量[25]与库存数量[24]不符，确认要提交吗？
确定
取消
数量
25
箱
保存&下一条
盘点完成
返回上级
主菜单
退出系统

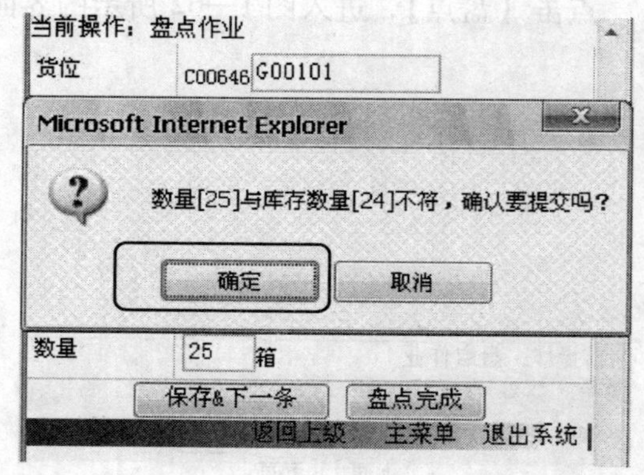

图 1—66　盘点异常

图 1—66 显示盘点结果异常，即吸尘器的库存数量为 24，而初盘数量为 25，库存与实物盘点结果不符。王林再次确认输入数量无误后，在图 1—66 的界面中点击【确定】。

实物初盘完毕后，初盘人王林在盘点明细表初盘点数一栏填写实际盘点数量和金额并签字确认，签字确认的初盘点明细表见表 1—21。填写完毕后王林将盘点明细表提交盘点组长张力。

表 1—21　　嘉禾物流仓储中心仓库盘点明细表

库别		C00646					日期		2011-01-27				金额单位：元		
序号	储位	物料名称	计量单位	单价	账面数		初盘点数		复盘点数		盘盈		盘亏		备注
					数量	金额	数量	金额	数量	金额	数量	金额	数量	金额	
1	G00000	无	—												
2	G00001	无	—												
3	G00002	热水器	箱	100	50	5 000	50	5 000							
4	G00003	无	—												
5	G00004	无	—												
6	G00005	无	—												
7	G00100	无	—												
8	G00101	吸尘器	箱	150	24	3 600	25	3 750							
9	G00102	无	—												
10	G00103	足底按摩器	箱	60	16	960	16	960							
11	G00104	无	箱												
12	G00105	无	箱												
初盘人：王林						复盘人：				审核人：					

步骤六：实物复盘

张力对比初盘数量和账面数量后，发现当前储位 G00101 的吸尘器盘盈 1 箱。张力将复盘时间定在 2011 年 1 月 27 日下午 14：30。

复盘人财务部高杰接到已填写初盘数量的盘点明细表开始复盘。因为初盘结果与账面结果不一致，因此，在复盘过程中初盘人王林一起陪盘。复盘过程与初盘相同，经过复盘，复盘结果与初盘结果一致，高杰签字确认并提交盘点明细表给盘点组长张力。签字确认后的复盘点明细表见表 1—22。

表 1—22　　嘉禾物流仓储中心仓库盘点明细表

库别		C00646					日期		2011-01-27				金额单位：元		
序号	储位	物料名称	计量单位	单价	账面数		初盘点数		复盘点数		盘盈		盘亏		备注
					数量	金额	数量	金额	数量	金额	数量	金额	数量	金额	
1	G00000	无	—												
2	G00001	无	—												
3	G00002	热水器	箱	100	50	5 000	50	5 000	50	5 000					
4	G00003	无	—												
5	G00004	无	—												
6	G00005	无	—												
7	G00100	无	—												
8	G00101	吸尘器	箱	150	24	3 600	25	3 750	25	3 750					
9	G00102	无	—												
10	G00103	足底按摩器	箱	60	16	960	16	960	16	960					
11	G00104	无	箱												
12	G00105	无	箱												
初盘人：王林						复盘人：高杰				审核人：					

步骤七：盘点结果统计

复盘结束后，盘点组长张力收集盘点明细表并整理盘点数据，整理完成后的盘点明细表见表1—23。

表1—23

嘉禾物流仓储中心仓库盘点明细表															
库别:		C00646			日期			2011-01-27				金额单位：元			
序号	储位	物料名称	计量单位	单价	账面数		初盘点数		复盘点数		盘盈		盘亏		备注
					数量	金额	数量	金额	数量	金额	数量	金额	数量	金额	
1	G00000	无	—												
2	G00001	无	—												
3	G00002	热水器	箱	100	50	5 000	50	5 000	50	5 000					
4	G00003	无	—												
5	G00004	无	—												
6	G00005	无	—												
7	G00100	无	—												
8	G00101	吸尘器	箱	150	24	3 600	25	3 750	25	3 750	1	150			
9	G00102	无	—												
10	G00103	足底按摩器	箱	60	16	960	16	960	16	960					
11	G00104	无	箱												
12	G00105	无	箱												
初盘人：		王林			复盘人：			高杰			审核人：张力				

经过初盘与复盘确认，当前库存盘盈1箱吸尘器，张力需要根据盘点结果填制盘点差异清单。盘点差异清单见表1—24。

表1—24　**嘉禾物流仓储中心仓库盘点差异清单**

库别		C00646		日期		2011-01-27		负责人：		张力
序号	储位	物料名称	计量单位	单价	账面数		盘点数		盘点差异	
					数量	金额	数量	金额	数量	金额
1	G00101	吸尘器	箱	150	24	3 600	25	3 750	1	150
2										
3										

盘点结果统计完成后，张力将库存明细表、盘点明细表和盘点差异清单整理成册，待盘点反馈时使用。

任务三　盘点反馈

盘点作业结束后，统计的盘点结果会显示当前库存和账面存在差异，出现此种情况时，盘点负责人将整理完毕的盘点明细表、盘点差异清单等单据及时反馈到相关主管和部门，以采取措施，调整盘点差异，使损失降至最低。盘点反馈作业流程如图 1—67 所示。

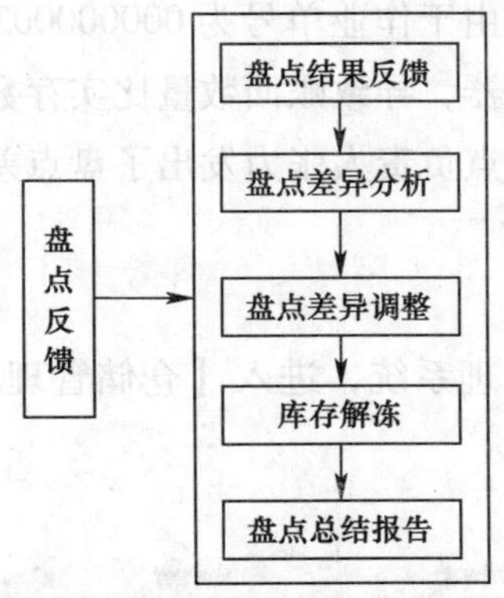

图 1—67　盘点反馈作业流程图

学习目标

能够正确统计盘点结果

能够正确处理各种盘点结果

能够制作相应单证

操作任务

2011 年 1 月 28 日，张力完成 C00646 库区盘点结果的统计工作。盘点明细表和盘点差异清单见表 1—23、表 1—24。张力需要将盘点统计结果录入仓储管理系统中，完成在仓储管理系统中盘点结果的反馈工作，并将盘点差异提交仓库主管审核，等待处理。

操作准备

1. 准备盘点明细表。
2. 准备盘点差异清单。

操作步骤

步骤一：盘点差异分析

经过本次盘点，嘉禾物流仓储中心 C00646 区的货物存在实物数量与账面数量不符的情况，即实物盘盈 1 箱吸尘器。仓管员张力将整理成册的库存明细表、盘点明细表和盘点差异清单一起提交仓库主管进行审核。

仓库主管接到盘点统计结果后，组织财务和仓储相关人员展开调查，经核对本月的入库和出库明细账后，查明原因是由于作业单号为0000000023968的入库单在登记入账时数量填写错误，少填写了1箱吸尘器，导致账面数量比实存数量少1箱。

查明原因后，仓库主管给盘点负责人张力发出了盘点差异调整指令，即对盘点结果做盈亏调整。

步骤二：盘点差异调整

盘点负责人张力登录仓储管理系统，进入【仓储管理】→【盘点管理】→【盘点调整】，如图1—68所示。

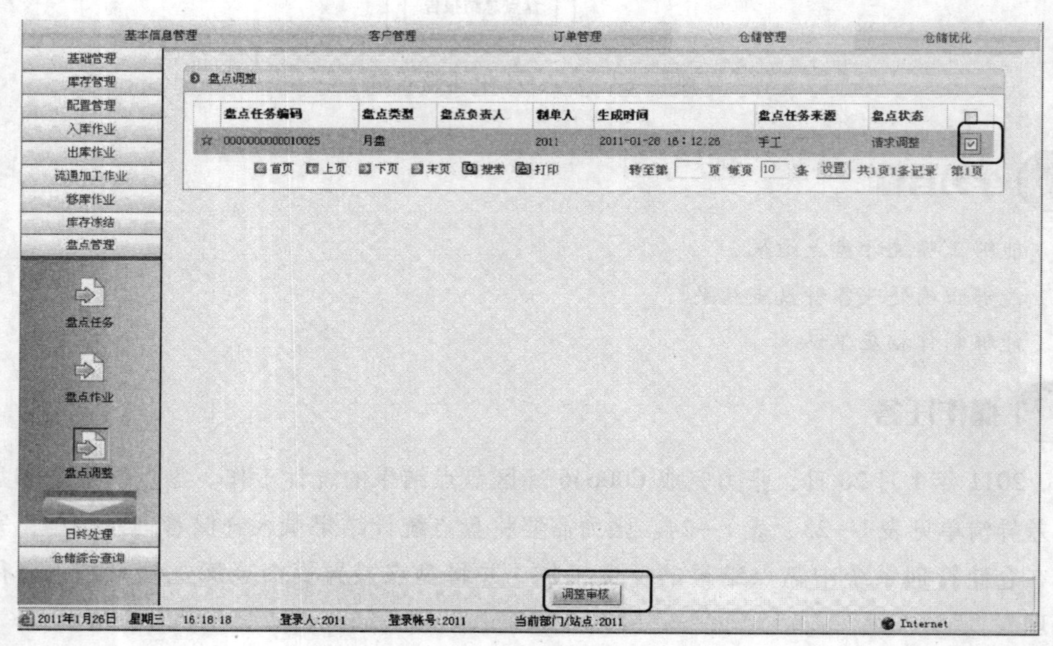

图1—68　调整审核

勾选任务后点击下方的【调整审核】按钮，进入图1—69所示的界面。

依据盘点差异处理办法，张力根据实盘数量对系统库存进行盈亏调整。在图1—69中，选择盈亏调整选项，点击【下一步】按钮，进入图1—70所示的界面。

在图1—70中，调整类型选择为【盈亏】，然后点击【调整确认】按钮，进入图1—71所示的界面。

点击【确定】，执行提交。

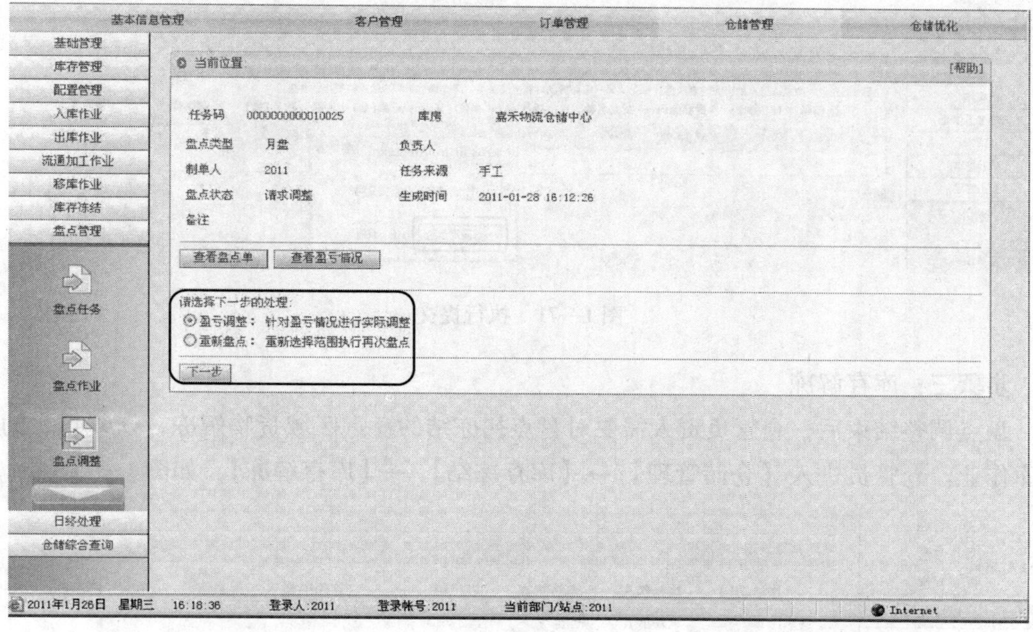

图 1—69 盈亏调整

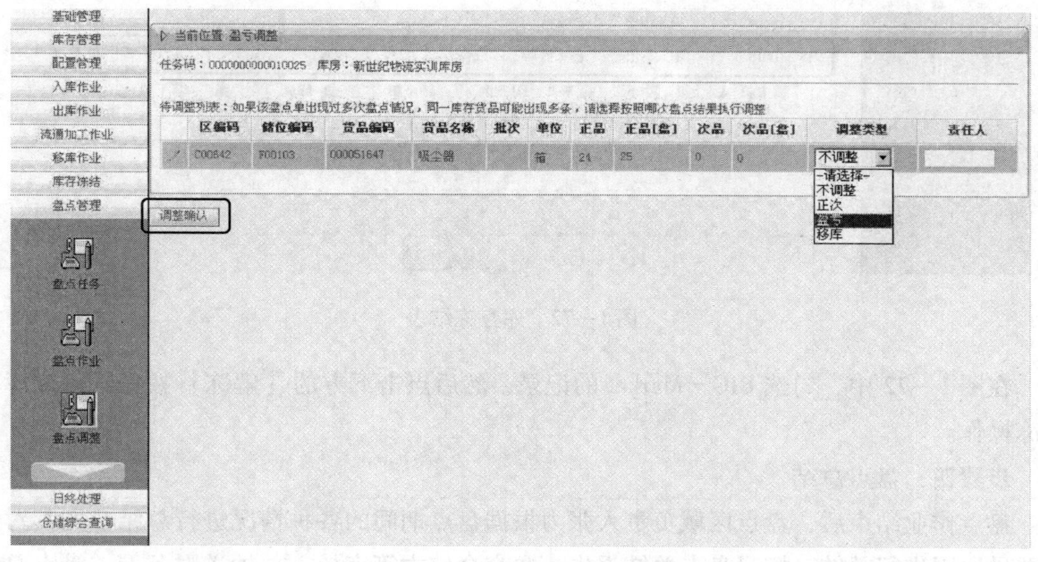

图 1—70 调整确认

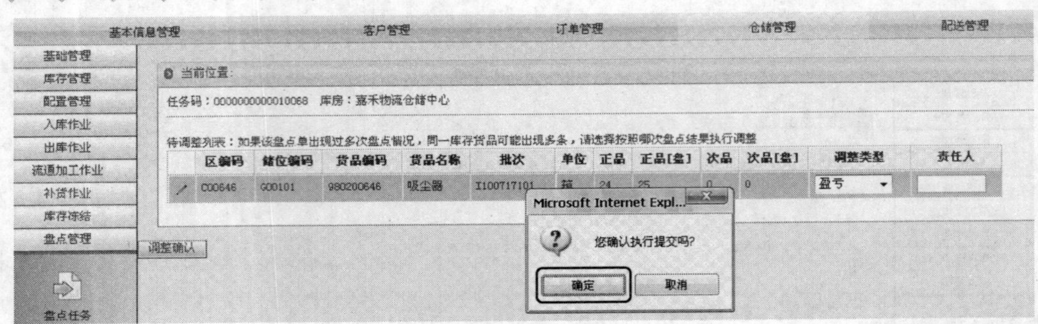

图 1—71　执行提交

步骤三：库存解冻

盘点调整结束后，仓管负责人需要对盘点初冻结的盘点区域货物解冻，恢复正常的出入库作业。仓管员进入【仓储管理】→【库存冻结】→【库存解冻】，如图 1—72 所示。

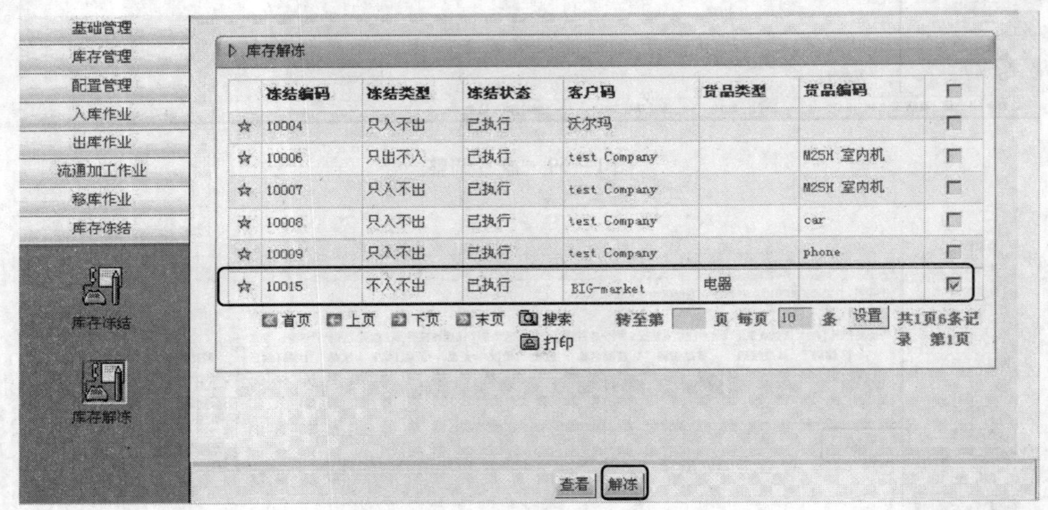

图 1—72　库存冻结表

在图 1—72 中，勾选 BIG－Market 的记录，然后点击下方的【解冻】按钮，完成库存解冻操作。

步骤四：盘点总结

盘点作业结束后，盘点区域负责人张力根据盘点期间的各种情况进行总结，尤其对盘点差异原因进行总结，撰写盘点总结报告，递交仓储主管审核，并抄送财务部。盘点总结报告需对本次盘点结果、初盘情况、复盘情况、盘点差异原因分析、以后的工作改善措施等进行详细说明。

相关链接

盈亏情况处理流程

当盘点统计结果出现盈亏情况时，一般的处理流程包括：

1. 上报盘点结果

通过盘点查清仓库的实际库存量后，仓管员应该向上级部门及时报告盘点结果，并请其对盘点中产生的盈亏进行处理。为了使管理部门及时了解库存情况，仓管员应该依据盘点的结果，分析盘点产生差异的原因并制定对策，请上级主管部门就盘点差异的处理方法进行批示。

2. 调整账面存量

根据盘点后的结果，仓管员要办理库存账目、保管卡的更改手续，以保证账、物、卡重新相符。

3. 调整库存账目

调整库存账目时，仓管员应该根据盘点结果，在库存账页中将盘亏数量做发出处理，将盘盈数量做收入处理，并在摘要中注明盘盈（亏）。

4. 调整保管卡

仓管员调整保管卡时，也应该在收发记录中填写数量的变更。查清原因后，为了通过盘点使账面数与实物数保持一致，需要对盘点盈亏和报废品一并进行调整。除了数量上的盈亏，有些商品还将会通过盘点进行价格的调整，这些差异的处理，可以通过填写商品盘点盈亏调查表和商品盈亏价格调查表，经有关主管审核签认后，登入存货账卡，调查库存账面数量。

第三节　出库作业

出库作业是仓库根据业务部门或存货单位开具的出库凭证，经过审核出库凭证、备料、拣货、分货等业务将货物交给要货单位或发运部门的一系列作业过程。它是货物仓储作业过程的最后一个环节，也是仓储部门对外的窗口。出库作业主要有两个方面的工作：一是要货单位，在填写出库凭证如领料单、提货单、调拨单时，对所领货物的品种、规格、型号、数量等项目须写清楚、准确，提取货物的方式要标示清楚。二是仓库方面，须按照程序作业。必须核对检查领料凭证的正误，按凭证上所列货物的品种、规格、型号、数量、提货方式等项目组织备料，并保证把货物及时、准确、完好地发放出去。出库作业流程如图 1—73 所示。

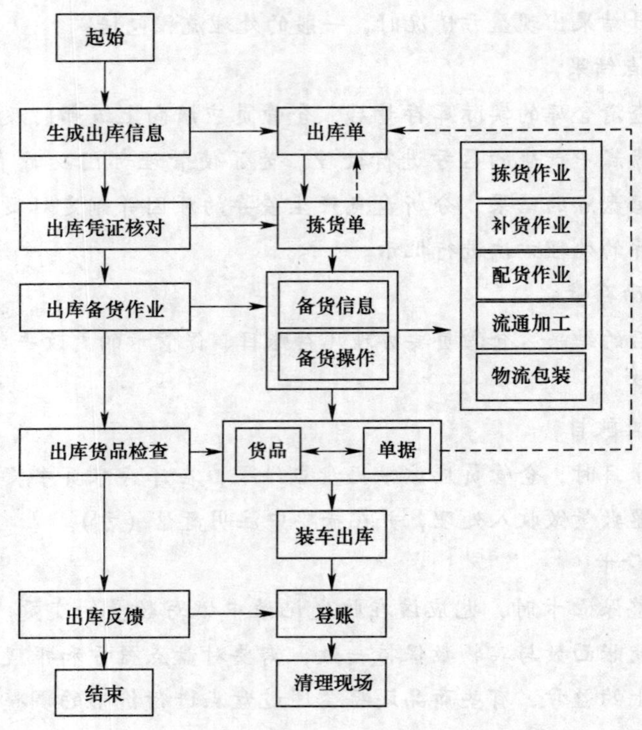

图 1—73　出库作业流程图

任务一　出库准备

由于出库作业非常复杂，工作量大，因此，要事先对出库作业加以合理组织，安排好作业人力，保证各个环节紧密衔接。出库准备作业流程如图 1—74 所示。

学习目标

能够明确出库前各项准备工作

能够制作各项出库单证

能够正确使用 WMS 仓储管理系统

能够正确选择装卸搬运设施及工具

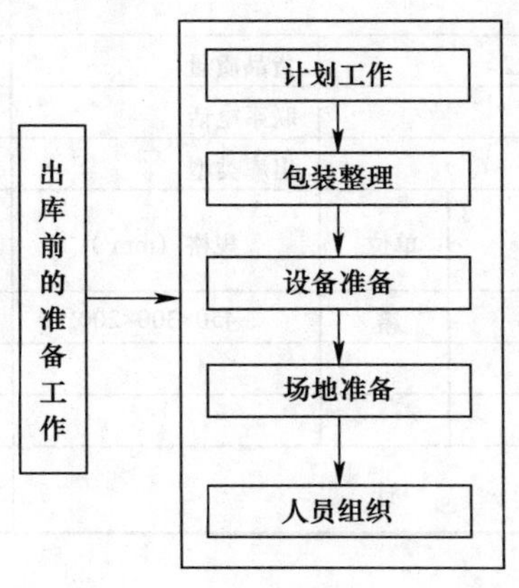

图 1—74　出库准备作业流程图

操作任务

2011 年 1 月 21 日上午，BIG - Market 以传真的形式通知嘉禾物流仓储中心，2011 年 1 月 22 日，BIG - Market 的提货员赵永将来库房提货，提货单号为：L000011002；车牌号：京 BA5347，提货内容为 20 箱电煎锅。客服人员根据客户的提货申请来完成仓储管理系统中的出库单处理及打印，仓管员张力根据出库单的内容开始货物的出库准备工作。

操作步骤

步骤一：接收出库通知

嘉禾物流仓储中心客服王丽收到 BIG - Market 的出库通知单，见表 1—25。王丽首先确认客户信息是否属实，再确认出库通知单上的出库货信息，主要包括客户名称、客户编码、货物名称、货物数量、货物规格及出库货日期等。信息核对无误后，再查询库存数量可以满足本次订单。

步骤二：录入出库订单

客服人员登录仓储管理系统，进入【订单管理】→【订单录入】，点击【新增】按钮后，进入图 1—75 所示的界面。

点击【出库订单】，进入出库订单录入界面，如图 1—76 所示。

表 1—25　　　　　　　　　　　　　**出库通知单**

仓库名称：嘉禾物流仓储中心　　　　　　　　　　　　　　2011 年 1 月 21 日

客户名称		BIG-Market					
客户编码		112					
出库时间		2011-01-22		货品质量	正品		
出库申请人		王丽		联系电话	1313234××××		
出库方式		自提货		出库类型	正常		
序号	货品编号	名称	单位	规格（mm^3）	申请数量	实发数量	备注
1	9787799912707	电煎锅	箱	450×300×200	32		
合　计							

送货员：　　　　　　　　　　　　　　　　　　　　　　　　仓管员：

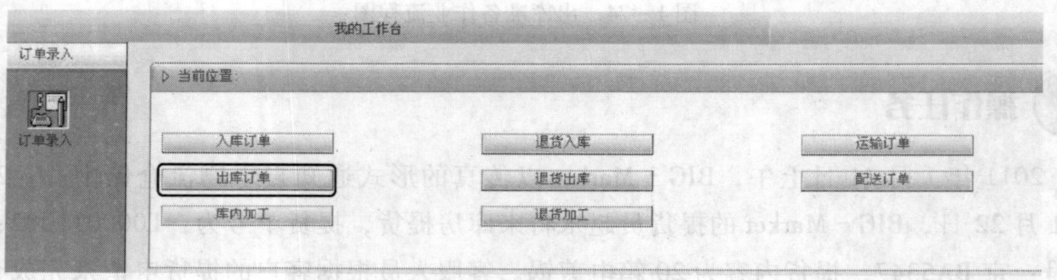

图 1—75　订单录入选择界面

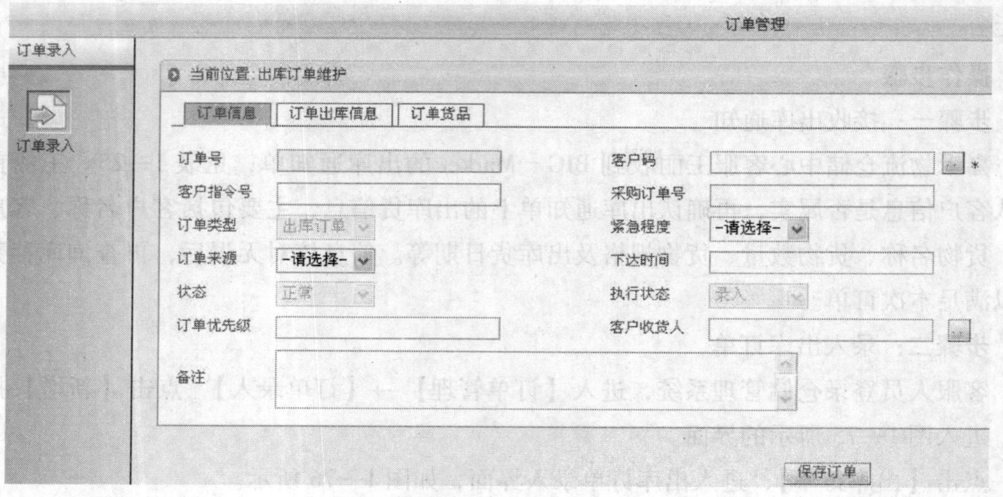

图 1—76　出库订单录入界面

客服人员根据出库通知单的内容依次完成【订单信息】【订单入库信息】和【订单货品】的录入。【订单信息】录入完毕后，如图 1—77 所示。

订单管理
订单录入
订单录入
当前位置：出库订单维护
订单信息 订单出库信息 订单货品
订单号
客户码 BIG-market *
客户指令号
采购订单号
订单类型 出库订单
紧急程度 一般
订单来源 其他
下达时间
状态 正常
执行状态 录入
订单优先级
客户收货人
备注
保存订单

图 1—77 订单信息录入

【订单出库信息】录入完毕，如图 1—78 所示。

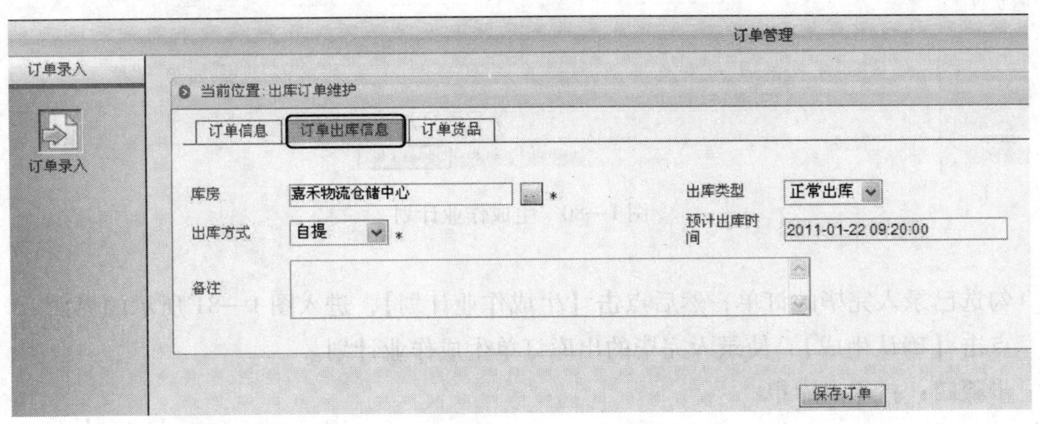

图 1—78 订单出库信息录入

【订单货品】录入完毕，如图 1—79 所示。

点击【保存订单】，即出库订单录入完毕。

步骤三：生成作业计划

出库订单录入完毕后，进入图 1—80 所示的界面。

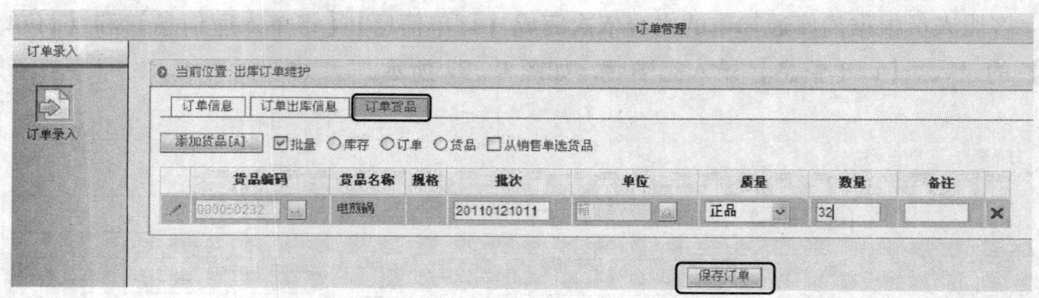

图 1—79　订单货品录入

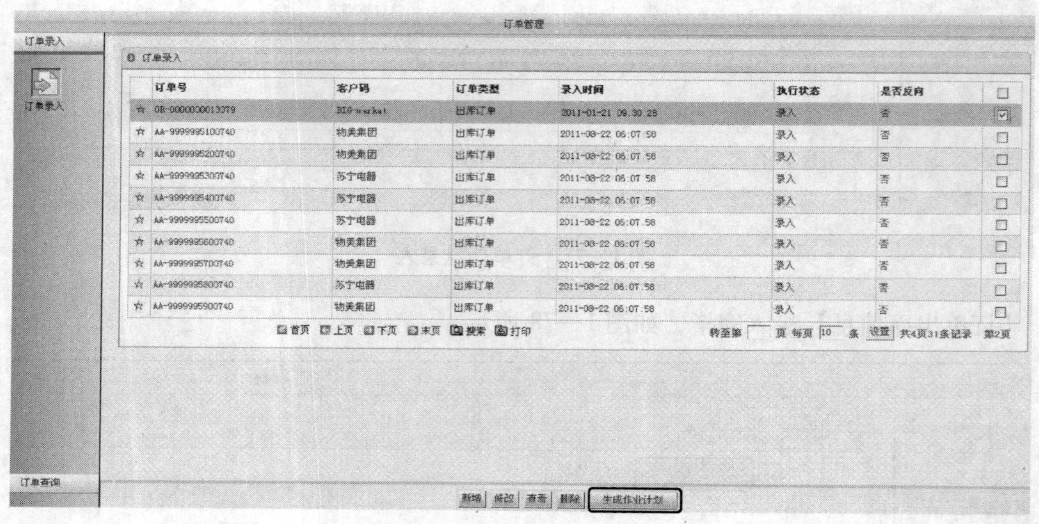

图 1—80　生成作业计划

勾选已录入完毕的订单，然后点击【生成作业计划】，进入图 1—81 所示的界面。

点击【确认生成】，使录入完毕的出库订单生成作业计划。

步骤四： 打印出库单

登录【仓储管理】→【出库作业】→【出库预处理】，界面如图 1—82 所示。

点击【调度】，进入图 1—83 所示的界面。

勾选任务后点击【打印出库单】。打印完成的纸质版出库单见表 1—26。

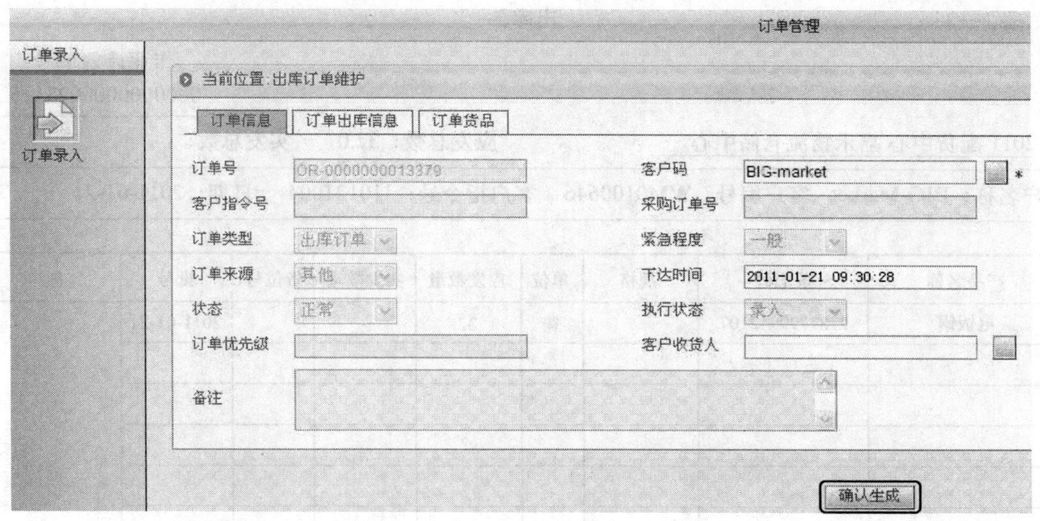

图 1—81　确认生成

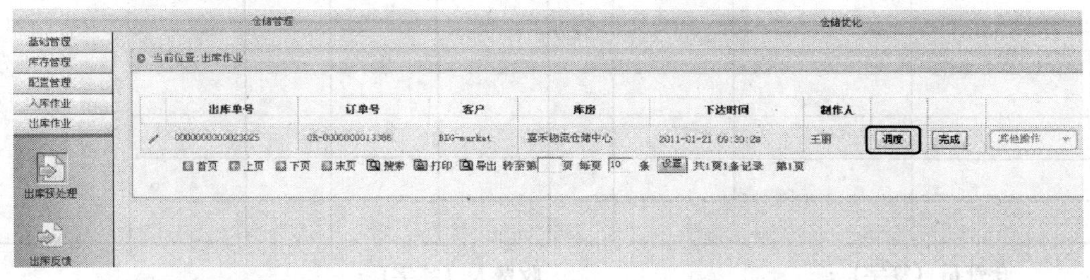

图 1—82　出库预处理

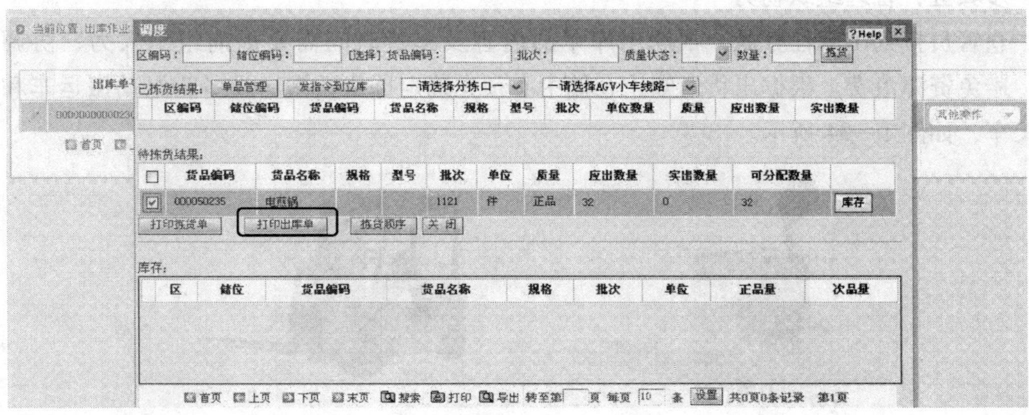

图 1—83　选择打印任务

表 1—26　　　　　　　　　　**出库单**

作业计划单号
0000000000023125

2011 配货中心 嘉禾物流仓储中心　　　　**应发总数**：32.0　　**实发总数**：

客户名称：BIG-Market　**客户编号**：WM0100646　**客户指令号**：110121004　**日期**：2011-01-21

产品名称	条形码	规格	单位	应发数量	实发数量	货位号	批号	备注
电饭锅	9787799942107		箱	32			2011-01-21	

仓管员（签字）：　　　　　　**收费人（签字）**：

步骤五：合理组织物力

仓管员接到出库任务后，根据出库单的内容及提货时间需要提前组织人力、协调设备，避免资源浪费。根据出货通知，仓储中心预先确定拣货及搬运设备为电动搬运车和电动叉车，如图 1—84 所示。

a）电动搬运车

b）电动叉车

图 1—84　拣选及搬运设备

任务二　出库理货

仓库接到出库凭证后，由业务部门审核证件，审核无误后，按照出库单证上所列的货物品名、规格、数量与仓库料账再做全面核对。核对无误后，将出库凭证移交给仓库保管员。保管员复核料卡无误后，即可做货物出库的工作。出库理货作业流程如图 1—85 所示。

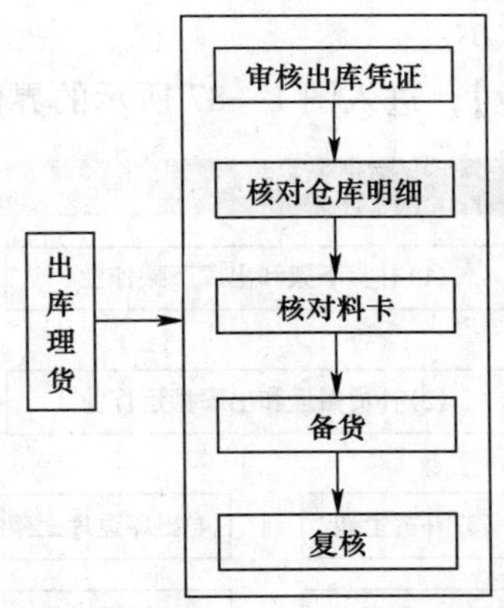

图 1—85　出库理货作业流程图

学习目标

能够核对出库单证

能够利用手持终端采集货物信息

能够正确选择装卸搬运设施及工具

能够找到正确的货物储位

能够独立完成出库下架作业

操作任务

2011 年 1 月 21 日，嘉禾物流仓储中心的仓管员接到出库作业通知单（见图 1—86）及出库单（见表 1—26）。仓管员需要根据出库单内容完成货物的出库作业操作。

仓储部：

兹有BIG-Market前来提货，请根据出库单所列项目，按时做好出库准备

嘉禾物流公司仓储中心

2011年1月21日

图 1—86　出库作业通知单

操作步骤

步骤一：出库理货开始

仓管员登录手持终端系统，其中库房名称选择嘉禾物流仓储中心。登录后，进入应用操作主功能界面，如图 1—25 所示。

点击【补货作业和出库作业】，进入图 1—87 所示的界面。

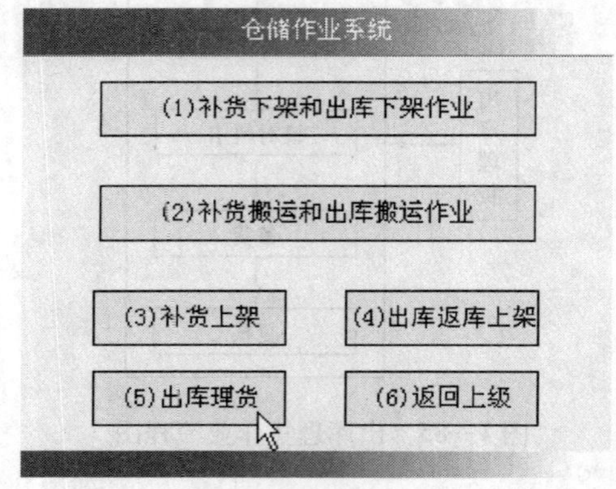

图 1—87　补货作业和出库作业界面

点击【出库理货】，进入图 1—88 所示的界面。点击【开始】，启动作业。

点击【开始】后，按钮会变成【完成】，如图 1—89 所示，这表示出库理货作业已经启动。

图 1—88　出库理货开始

图 1—89　出库理货

步骤二：读取下架信息

叉车司机登录手持终端补货作业和出库作业界面，如图 1—90 所示。

点击【补货下架和出库下架作业】，进入图 1—91 所示的界面。手持终端下方显示待下架的货物名称、下架数量、存放储位和托盘标签信息。

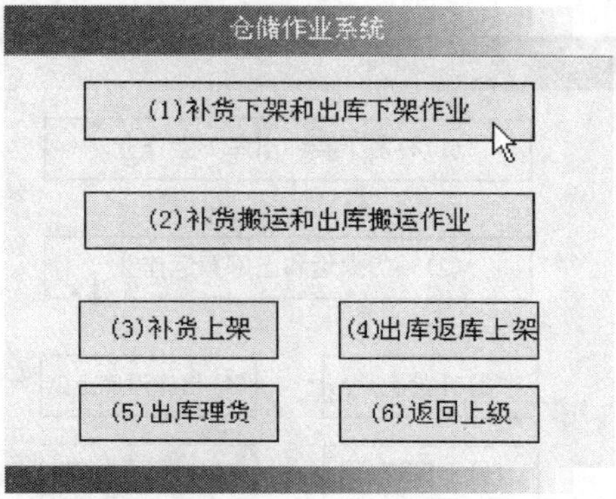

仓储作业系统

(1)补货下架和出库下架作业

(2)补货搬运和出库搬运作业

(3)补货上架　(4)出库返库上架

(5)出库理货　(6)返回上级

图 1—90　补货作业和出库作业界面

当前操作：出库拣货
客户:默认客户

托盘标签	
储位标签	-
货品名称	-
规格	-
数量	- -

返回　主菜单　退出

8200000000099 C00646-D00104 电煎锅 32

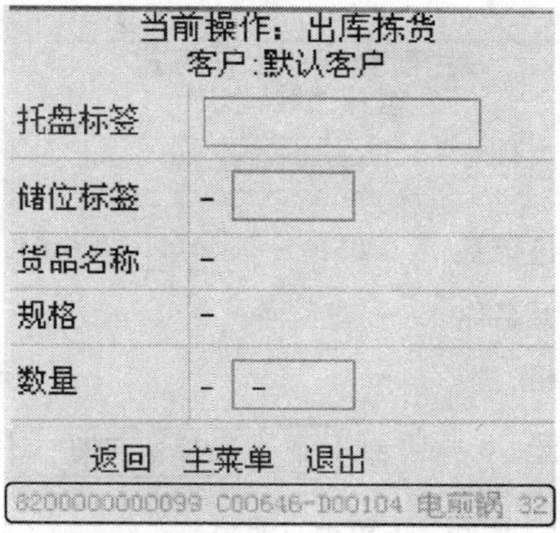

图 1—91　出库下架

步骤三：下架操作

利用电动叉车将指定储位上的托盘货物即 32 箱电煎锅下架，如图 1—92 所示。

图 1—92　下架操作

下架完成后，利用手持终端采集托盘标签和储位标签信息，信息采集成功后，手持终端系统将自动显示默认拣货数量，界面如图 1—93 所示，确认无误后点击【确认下架】。

叉车司机将下架完成的货物放至托盘货架交接区。

步骤四：读取搬运信息

搬运人员进入手持终端主功能界面，点击【补货作业和出库作业】，进入图 1—94 所示的界面。

当前操作：出库拣货
客户:默认客户

托盘标签	8200000000099
储位标签	C00646 - D00104 D00104
货品名称	- 电煎锅
规格	-
数量	32 32 确认下架

返回　主菜单　退出

8200000000099 C00646-D00104 电煎锅 32

图 1—93　确认下架

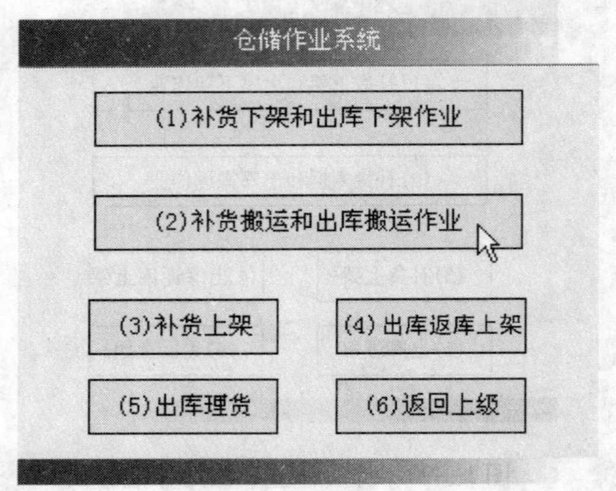

图 1—94　补货作业和出库作业界面

点击【补货搬运和出库搬运】，进入图 1—95 所示的界面。手持终端下方提示需搬运的货物信息。

利用手持终端采集托盘标签信息，信息采集成功后，手持终端系统自动提示待搬运的货品名称、货品数量和到达地点信息，如图 1—96 所示。点击【确认搬运】。

当前操作：搬运操作
客户:默认客户

托盘标签	
货品名称	-
数量	-
到达地点	-

返回　主菜单　退出系统

8200000000099　电煎锅

图 1—95　搬运操作界面

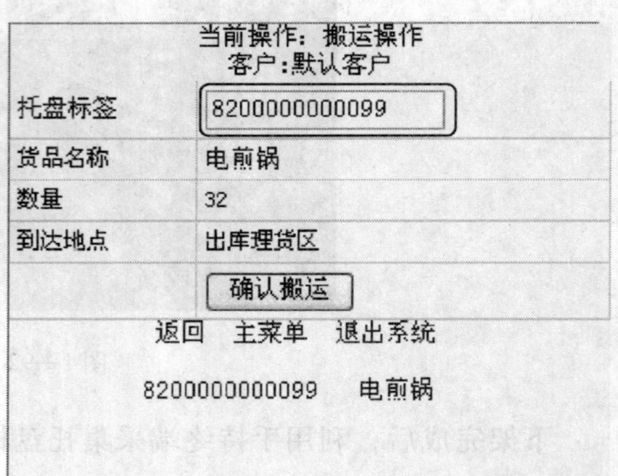

图 1—96　采集托盘标签信息并确认

步骤五：搬运操作

搬运人员利用电动搬运车将一托盘电火锅从托盘货架交接区搬运至手持终端提示的到达地点：出库理货区。

步骤六：出库理货确认

仓管员登录手持终端补货作业和出库作业界面，如图 1—97 所示。

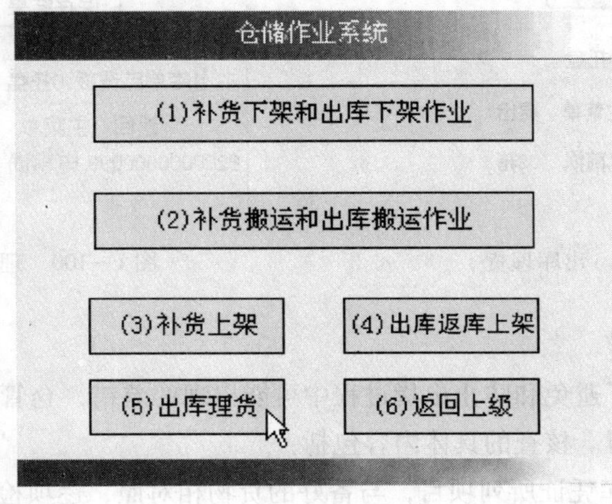

图 1—97　补货作业和出库作业界面

点击【出库理货】，进入图 1—98 所示的界面。

图 1—98　理货

点击【理】，进入图 1—99 所示的界面。

点击待理货的货物名称，此时，手持终端系统自动显示默认理货数量，如图 1—100 所示的界面。

确认理货数量正确无误后，点击【保存结果】。

当前操作：出库理货
客户：
货品名称 -
规格 -
批号 -
当前出量 总出量：
保存结果
本出库单已理货:0托盘
返回 主菜单 退出
8200000000099 电煎锅 32箱

图 1—99　出库理货

当前操作：出库理货
客户：
货品名称 电煎锅
规格 -
批号 2011-01-21
当前出量 32 总出量：32
保存结果
本出库单已理货:0托盘
返回 主菜单 退出
8200000000099 电煎锅 32箱

图 1—100　理货确认

步骤七：出库复核

货物备好后，为了避免和防止出货过程中可能出现的差错，仓管员对已备货完毕的货物进行全面的复核查对。核查的具体内容包括：

（1）根据正式出库凭证所列项目，与备好的货物相对照，逐项检查其是否与出库凭证所列完全相符。

（2）现有包装能否保证在货物运输装卸中不致破损，保证货物完整。

（3）现有包装是否便于装卸搬运作业。

（4）电煎锅为怕震怕潮物资，衬垫是否稳妥，密封是否严密。

（5）收货人、到站、箱号、危险品或防震防潮等标志是否正确、明显。

（6）每件包装是否有装箱单（见表 1—27），装箱单上所列各项目是否与实物、凭证等相符。

表 1—27　　装箱单

毛重：　　净重：　　箱号：

发货凭证号	货物名称	规格	单位	数量	备注

装箱日期：　　装箱人：

任务三　出库交接

准备出库的货物，经过全面复核查对无误之后，即可办理清点交接手续。出库交接作业流程如图 1—101 所示。

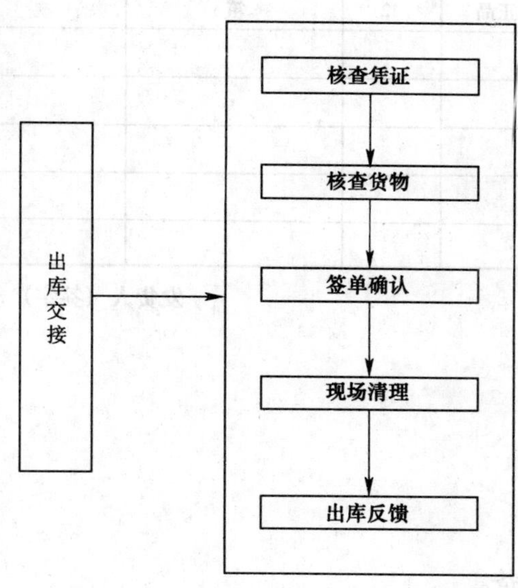

图 1—101　出库交接作业流程图

学习目标

能够选择正确的验收方式

能够核对各种出库单证

能够正确处理各项验收结果

能够正确选择装卸搬运设施及工具

能够独立完成货物出库验收和交接工作

操作任务

2011 年 1 月 22 日，客户 BIG-Market 的提货员赵永到嘉禾物流仓储中心来提货，提货单见表 1—28。嘉禾物流仓储中心已于 2011 年 1 月 21 日接到本批货物的出库申请，货物已经备好放置在发货理货区，出库单见表1—26。仓管员张力需要与提货员赵永完成货物的出库交接工作。

表1—28　　提货单

提货单位：BIG-Market
提货地址：嘉禾物流仓储中心
日期：2011年1月22日　　编号：L000011002

货品名称	质量	数量	SKU包装单位	实际提货量	备注
电煎锅	正品	32	箱		

提货人（签字）：　　发货人（签字）：

操作准备

（1）准备出库单。

（2）准备提货单。

（3）准备检验计量设备。

（4）准备签字笔。

（5）准备出库货物。

（6）准备出库理货区的场景设置。

（7）准备提货员、仓管员及相关人员的角色分配。

操作步骤

步骤一：核查货物

提货员根据提货单核查货物，核查时仓管员在一旁监察。提货员主要核对的内容有货物名称、数量是否正确，检查外包装是否完好或者是否倒置。经核查，出库货物与提货单及出库单数量一致，均为正品。

步骤二：填写单据

货物核查完毕后，仓管员根据实际出库情况填写出库单实发数量并签上自己的名字，然后主动与提货员交接，要求提货员在出库单相应位置签字确认。签字确认的出库单见表1—29。

表 1—29　　出库单

作业计划单号
000000000003125

2011配货中心 嘉禾物流仓储中心　　应发总数：32.0　实发总数：32

客户名称：BIG-Market　客户编号：WM0100646　客指令号：110121004　日期：2011-01-21

产品名称	条形码	规格	单位	应发数量	实发数量	货位号	批号	备注
电煎锅	9787799912707		箱	32	32		2011-01-21	

仓管员(签字)：张力　　收货人(签字)：赵咏

同时，仓管员按照提货员的要求在客户单据相应位置签字确认。签字确认后的提货单见表 1—30。

表 1—30　　提货单

提货单位：BIG-Market

提货地址：嘉禾物流仓储中心

日期：2011年1月22日　　编号：L000011002

货品名称	质量	数量	SKU包装单位	实际提货量	备注
电煎锅	正品	32	箱	32	

提货人(签字)：赵永　　发货人(签字)：张力

步骤三：出库异常处理

在出库过程中，经常会遇到一些异常情况，诸如出库凭证超过提货期限、出库凭证有疑点、提货数与结存数不符等情况。当出现上述情况时，嘉禾物流仓储中心的仓管员必须填制货物异常报告单，见表1—31。

表1—31　货物异常报告单

作业号：　　　　日期：

货物编码	货物名称	规格	数量	异常情况

收货人：　　　　检验人：

步骤四：出库现场清理

出库完毕后，仓管员应该及时整理出库单据，核对结存数，做到单货相符、单单相符，并做好单据和货物的交接工作；同时清理现场，收集苫垫材料、妥善保管，以待再用；清洁现场，将出库使用到的装卸搬运工具、存储设备、包装工具和材料放置原规划区域内。

步骤五：出库反馈

出库作业完成后，仓管员需要完成出库作业在系统中的反馈工作。登录仓储管理系统的【仓储管理】→【出库作业】→【出库反馈】，系统显示已经调度完成的单据，如图1—102所示。

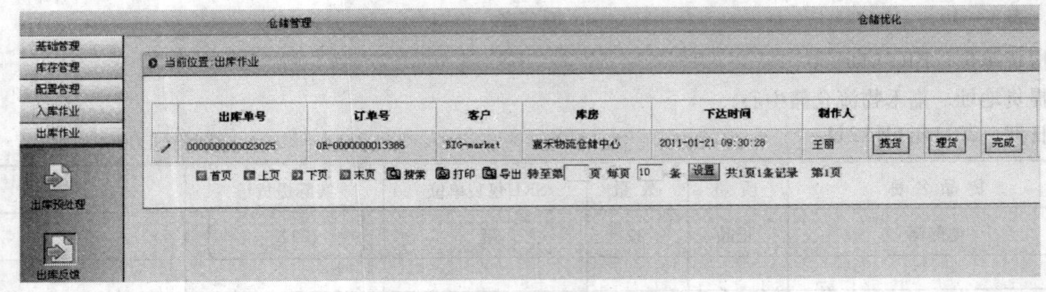

图1—102　出库反馈

仓管员分别对拣货、理货进行反馈，然后点击【完成】，如图1—103所示。

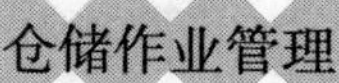

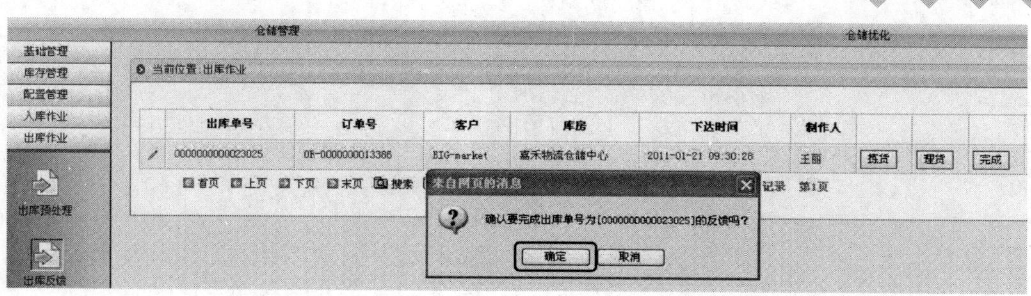

图 1—103　出库反馈完成

仓管员点击【确定】后，完成本次出库作业在系统中的反馈工作。

2

第二章

配送作业管理

配送是指在经济合理区域范围内，根据用户的要求，对物品进行拣选、加工、包装、分割、组配等作业，并按时送达指定地点的物流活动。配送是根据用户的要求，在物流据点内进行分拣、配货等工作，并将配好的货物适时送交收货人的过程。它是物流中一种特殊的、综合的活动形式。它将物流和商流紧密结合起来，既包括商流活动，也包括物流活动中若干功能要素。配送作业的一般流程如图 2—1 所示。

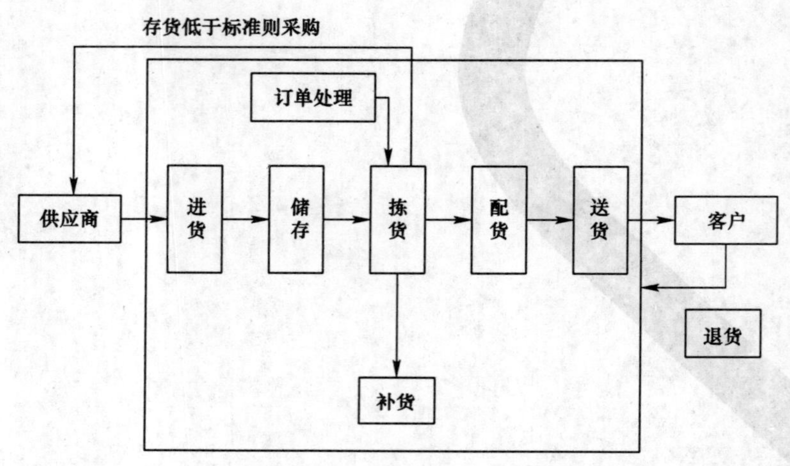

图 2—1　配送作业的一般流程图

第一节　分拣与补货作业

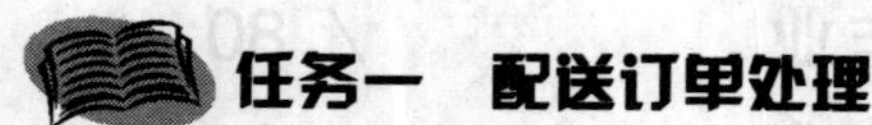

任务一　配送订单处理

在企业的生产经营活动中，订单处理是从接受客户订单开始到货物拣选出来以后完成备货的一项目的性很强的工作，涉及客户订单资料确认、存货查询和单据处理。订单处理的作业流程如图 2—2 所示。

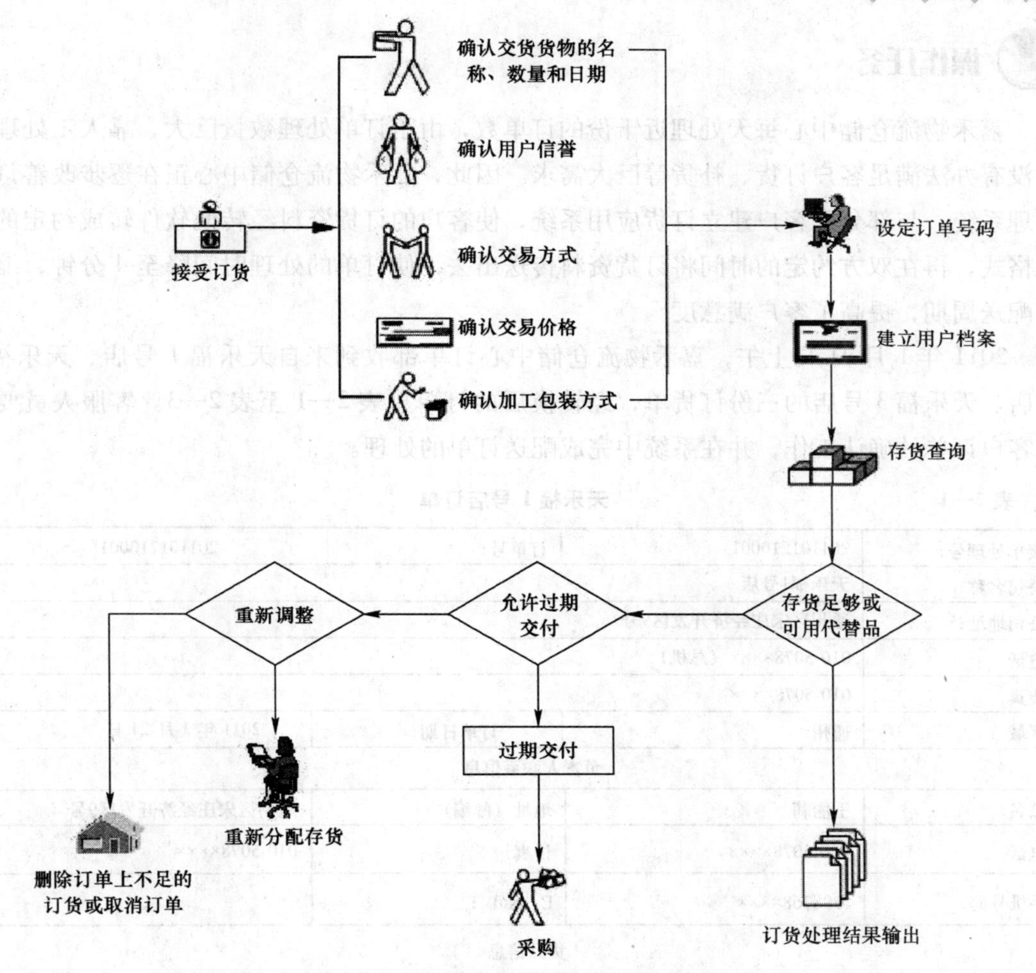

图 2—2　订单处理的作业流程

学习目标

掌握订单处理作业流程

了解订单接收的主要形式

能够熟悉订单确认的主要内容

能够熟练使用配送管理系统完成库存查询

能够熟练使用配送管理系统完成配送订单处理

操作任务

嘉禾物流仓储中心每天处理近千份的订单数，由于订单处理数量巨大，靠人工处理速度没有办法满足客户订货、补货等巨大需求。因此，嘉禾物流仓储中心正在逐步改善订单处理系统，与部分大客户建立订货应用系统，使客户的订货资料经转换软件转成约定的共同格式，再在双方约定的时间将订货资料传送出去，使订单的处理时间降至 4 分钟，缩短了配送周期，提高了客户满意度。

2011 年 1 月 21 日上午，嘉禾物流仓储中心订单部收到来自天乐福 1 号店、天乐福 2 号店、天乐福 3 号店的三份订货单，经转换后的订单见表 2—1 至表 2—3。客服人员要完成客户订单的确认工作，并在系统中完成配送订单的处理。

表 2—1　　天乐福 1 号店订单

接单处理号:	201101210001			订单号:		201101210001
公司名称:	天乐福1号店					
公司地址:	通州区宋庄经济开发区9号					
电话:	010-5078××××（总机）					
传真:	010-5078××××					
区域 :	通州			订单日期:		2011 年 1 月 21 日
负责人联系信息						
姓名:	王丽莉			地址（邮编）:		通州区宋庄经济开发区9号
电话:	010-5078××××			传真:		010-5078××××
手机号码:	1398768××××			E-mail :		
货品信息						
序号	货物编码	货物名称	包装规格	产品规格	需求数量	单位
1	799034	大宝洗面奶	100 mL	1×1	8	瓶
2	799045	丁家宜保湿露	100 mL	1×1	6	瓶
3	799035	卡尼尔美白霜	50 mL	1×1	9	瓶
4	795341	碧柔泡沫洁面乳	65 mL	1×1	12	瓶
5	799036	欧莱雅保湿水	100 mL	1×1	21	瓶
6	9787883203872	热水器	440×240×180	1×1	2	箱
备注:	请于1月22日下午3点前送至					

表 2—2　　天乐福 2 号店订单

接单处理号:	201101210002	订单号:		201101210002		
公司名称:	天乐福2号店					
公司地址:	朝阳区北苑路119号					
电话:	010-5078××××（总机）					
传真:	010-5078××××					
区域 :	海淀		订单日期:	2011 年 1 月 21 日		
负责人联系信息						
姓名:	张元	地址（邮编）:		朝阳区北苑路119号		
电话:	010-5078××××	传真:		010-5078××××		
手机号码:	1367768××××	E-mail:				
货品信息						
序号	货物编码	货物名称	包装规格（mm^3）	产品规格	需求数量	单位
1	9787880622355	冷藏箱	500×400×220	1×1	12	箱
2	9787799917542	电暖气	1 000×250×180	1×1	14	箱
3	9787799912714	电烤箱	600×400×220	1×1	12	箱
4	9787799510521	吸尘器	600×300×220	1×1	15	箱
5	9787799912707	电煎锅	450×300×200	1×1	14	箱
6	9787885273156	果汁机	480×320×200	1×1	14	箱
7	9787883203872	热水器	440×240×180	1×1	18	箱
备注:	请于1月22日下午3点前送至					

操作准备

（1） 准备订单。

（2） 准备打印机。

（3） 准备任务数据在系统中的设置。

表 2—3　　天乐福 3 号店订单

接单处理号:	201101210003	订单号:	201101210003
公司名称:	天乐福3号店		
公司地址:	燕郊北路119号		
电话:	010-5078××××（总机）		
传真:	010-5078××××		
区域：	通州	订单日期:	2011 年 1 月 21 日
负责人联系信息			
姓名:	刘洋	地址（邮编）：	燕郊北路119号
电话:	010-5078××××	传真:	010-5078××××
手机号码:	1367768××××	E-mail ：	

货品信息

序号	货物编码	货物名称	包装规格（mm^3）	产品规格	需求数量	单位
1	9787880622355	冷藏箱	500×400×220	1×1	12	箱
2	9787799917542	电暖气	1 000×250×180	1×1	6	箱
3	9787799912714	电烤箱	600×400×220	1×1	8	箱
4	9787799510521	吸尘器	600×300×220	1×1	9	箱
5	9787799912707	电煎锅	450×300×200	1×1	18	箱
6	9787885273156	果汁机	480×320×200	1×1	14	箱
7	9787883203872	热水器	440×240×180	1×1	30	箱
8	9787798966879	足底按摩器	700×300×220	1×1	16	箱
备注:	请于1月22日下午3点前送至					

操作步骤

步骤一：订单确认

订单接收成功后，客服人员需要从 5 个方面对订单内容进行确认，即货物数量及配送日期、客户信用、订单形态、订货价格和加工包装要求。以下内容均以天乐福 1 号店的订单操作为例，其他两张订单操作相同，在此不详细列出。

首先，客服人员登录物流综合业务系统的基础信息管理页面，在【客户管理】→【客户信息管理】中查看客户档案。经查询，客户信息存在，如图 2—3 所示。

其次，对订单内容进行确认及核实，确认项目见表 2—4。

客户信息维护

客户信息管理

客户合同管理

客户合同查询

客户取货地址信息

客户收货人信息

当前位置:

客户信息表

客户账号	GO15115	客户单位名称	天乐福1号店 *
客户简称1	天乐福1号店	客户简称2	
客户经理	王丽莉	客户经理电话	13907685452
联系人	王丽莉	联系人电话	010-50789019
联系人EMAIL		联系人WEB	
联系人FAX		客户级别	A
客户邮编	100024		
客户传真	010-50789019	英文缩写	
拼音码	TL *		
客户地址	通州区宋庄经济开发区9号		
行业属性	批发和零售贸易、餐饮业		
企业规模	○特大 ○较大 ○大 ○中 ○小 ○未评		
业务代表		合同存档地	
制单人	logis_r		
横坐标		纵坐标	

图 2—3　客户信息界面

表 2—4　**订单**

接单处理号:	201101210001	**订单号:**	201101210001
公司名称:	天乐福1号店		
公司地址:	通州区宋庄经济开发区9号		
电话:	010-5078×××× （总机）		
传真:	010-5078××××		
区域 :	通州	**订单日期:**	2011 年 1 月 21日
	负责人联系信息		
姓名:	王丽莉	**地址（邮编）:**	通州区宋庄经济开发区9号
电话:	010-5078××××	**传真:**	010-5078××××
手机号码:	1398768××××	**E-mail:**	

货 品 信 息

序号	货物编码	货物名称	包装规格	产品规格	需求数量	单位
1	799034	大宝洗面奶	100 mL	1×1	8	瓶
2	799045	丁家宜保湿露	100 mL	1×1	6	瓶
3	799035	卡尼尔美白霜	50 mL	1×1	9	瓶
4	795341	碧柔泡沫洁面乳	65 mL	1×1	12	瓶
5	799036	欧莱雅保湿水	100 mL	1×1	21	瓶
6	9787883203872	热水器	440 mm×240 mm×180 mm	1×1	2	箱
备 注:	请于1月22日下午3点前送至					

订单内容确认完毕且无误后，需要查看当前库存是否满足客户的订单需求，如果满足即可下达拣货指令，如库存不足则需要补货或与供应商联系采购进货，而由此可能导致送货延期，客服需要与客户沟通寻求解决方案，推迟送货或注销此笔订单等。

步骤二：库存查询

客服人员登录物流综合业务系统，点击进入【仓储管理系统】→【仓储管理】→【库存管理】→【库存查询】，如图2—4所示。

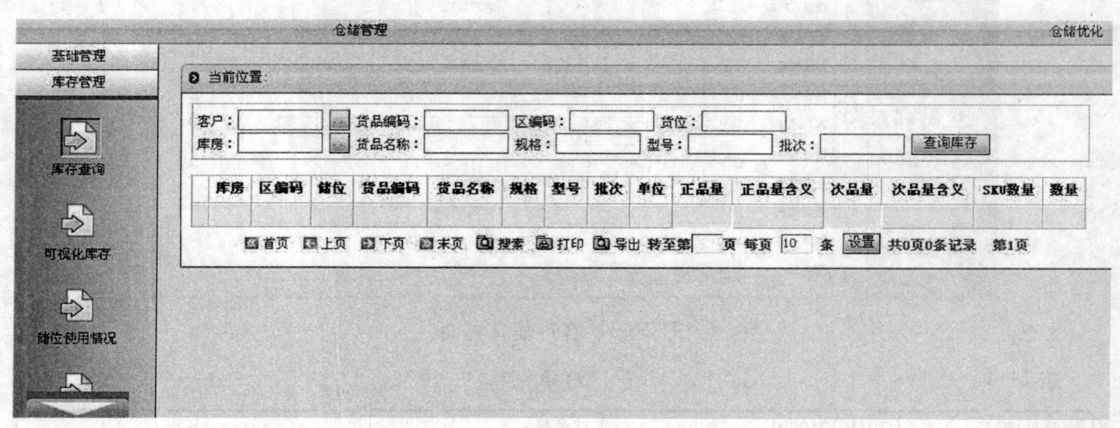

图2—4　库存查询界面

点击【客户】，“选择天乐福1号店”；点击【库房】，选择“嘉禾物流仓储中心”，输入完毕后点击【查询库存】，得到该货物的库存数，如图2—5所示。

当前位置:

客户：天乐福1号店　货品编码：　区编码：　货位：

库房：嘉禾物流仓储　货品名称：　规格：　型号：　批次：　查询库存

	库房	区编码	储位	货品编码	货品名称	规格	型号	批次	单位	正品量	正品量含义	次品量	次品量含义	SKU数量	数量
	嘉禾物流仓储中心	010139	000000	000050225	大宝洗面奶			20110118001	瓶	20		0		20	20
	嘉禾物流仓储中心	010139	000000	000050230	热水器			20110118001	箱	10		0		10	10
										30		0			

首页　上页　下页　末页　搜索　打印　导出　转至第　页　每页 10 条　设置　共1页2条记录　第1页

图2—5　库存信息界面

每一种货物的查询均按上述步骤完成。经查询，当前库存能够满足本次订单的需求。

步骤三：订单录入

客服人员登录物流综合业务系统，点击【订单管理系统】→【订单管理】→【订单录入】界面，单击下方的【新增】按钮后出现订单选择界面，如图 2—6 所示。

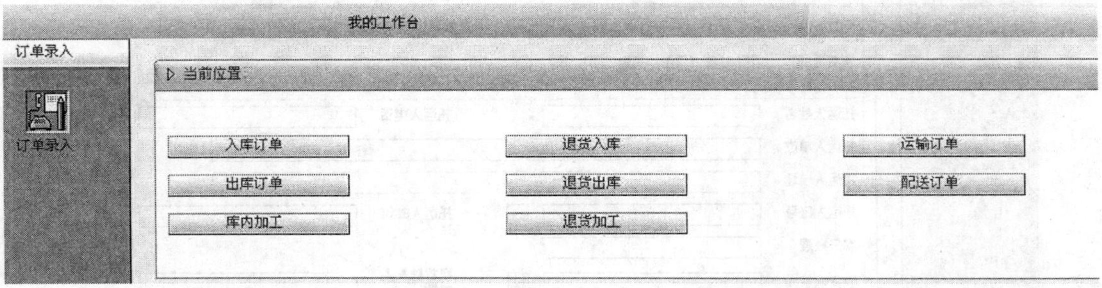

图 2—6　订单选择界面

单击【配送订单】按钮，进入配送订单信息的录入页面，如图 2—7 所示。

根据订货单内容，在订单录入界面输入客户相关信息，如图 2—8 所示。

客户基本信息输入完毕后，点击【增加】按钮，输入货品的详细信息，如图 2—9 所示。然后点击页面下方的【保存订单】按钮，完成配送订单的录入工作。

步骤四：生成作业计划

进入【订单管理】→【订单录入】页面，选中刚保存的订单，如图 2—10 所示。

点击【生成作业计划】，进入图 2—11 所示的界面。

客服人员对录入信息进行审核，信息无误后点击【确认生成】。至此，配送订单处理作业完毕。

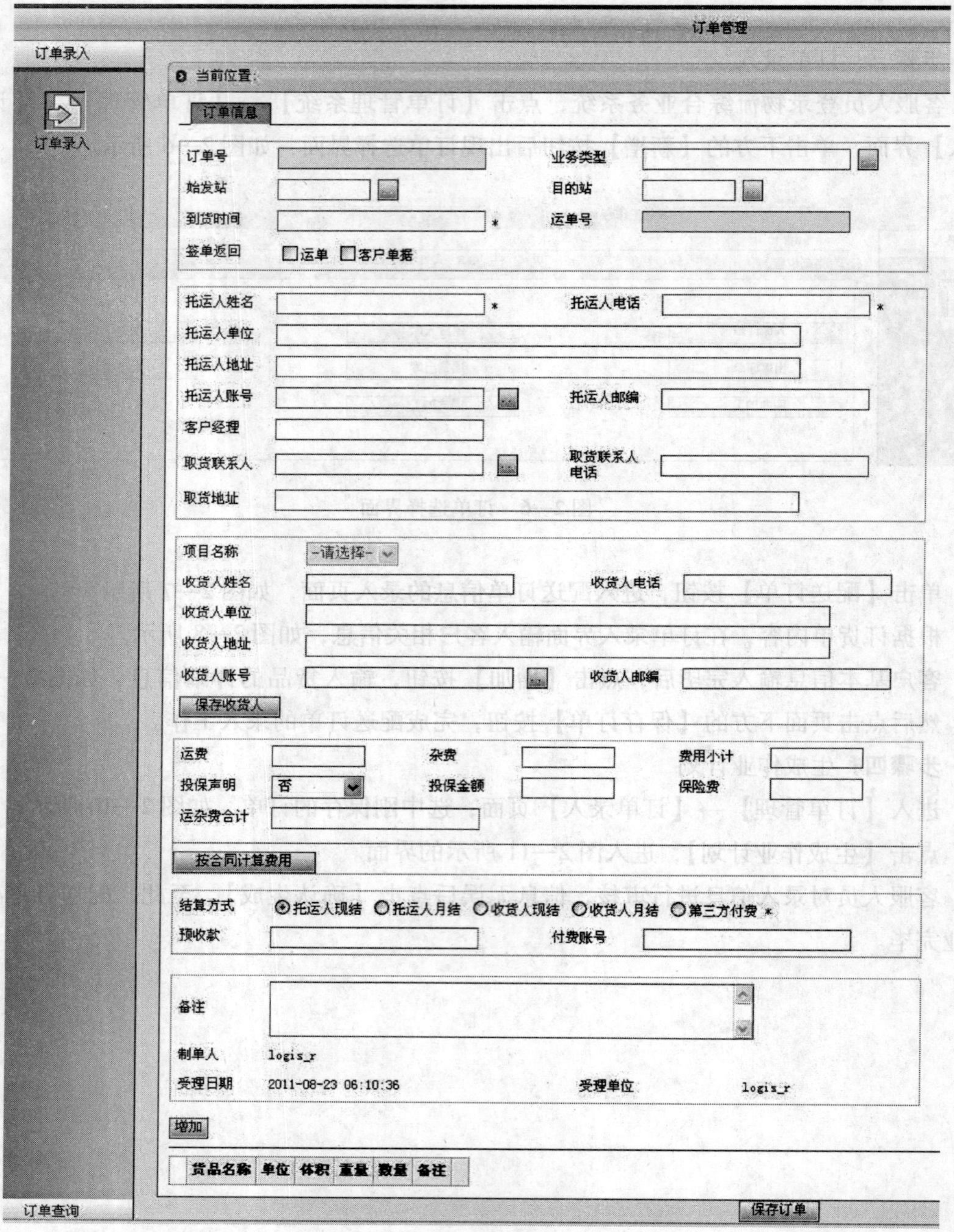

订单管理

订单录入

订单录入

当前位置：

订单信息

订单号　业务类型

始发站　目的站

到货时间 *　运单号

签单返回　□运单　□客户单据

托运人姓名 *　托运人电话 *

托运人单位

托运人地址

托运人账号　托运人邮编

客户经理

取货联系人　取货联系人电话

取货地址

项目名称　--请选择--

收货人姓名　收货人电话

收货人单位

收货人地址

收货人账号　收货人邮编

保存收货人

运费　杂费　费用小计

投保声明　否　投保金额　保险费

运杂费合计

按合同计算费用

结算方式　⊙托运人现结　○托运人月结　○收货人现结　○收货人月结　○第三方付费 *

预收款　付费账号

备注

制单人　logis_r

受理日期　2011-08-23 06:10:36　受理单位　logis_r

增加

货品名称	单位	体积	重量	数量	备注

订单查询　保存订单

图 2—7　配送订单录入界面

订单管理

订单录入

订单录入

当前位置:

订单信息

订单号		业务类型	B
始发站	北京	目的站	北京
到货时间	2011-01-22 14:37:00 *	运单号	
签单返回	☐运单 ☑客户单据		

托运人姓名	王丽莉 *	托运人电话	010-50789019 *
托运人单位	天乐福1号店		
托运人地址	通州区宋庄经济开发区9号		
托运人账号	GO15115	托运人邮编	100024
客户经理	王丽莉		
取货联系人		取货联系人电话	
取货地址			

项目名称			
收货人姓名	王丽莉	收货人电话	13987685462
收货人单位	天乐福1号店		
收货人地址	通州区宋庄经济开发区9号		
收货人账号		收货人邮编	

保存收货人

运费		杂费		费用小计	
投保声明	否	投保金额		保险费	
运杂费合计					

按合同计算费用

结算方式 ○托运人现结 ○托运人月结 ○收货人现结 ○收货人月结 ⊙第三方付费 *

预收款　　付费账号

备注

制单人 订单部01

受理日期 2011-01-21 09:30:20　　受理单位 订单部01

增加

图 2—8　客户信息录入完成界面

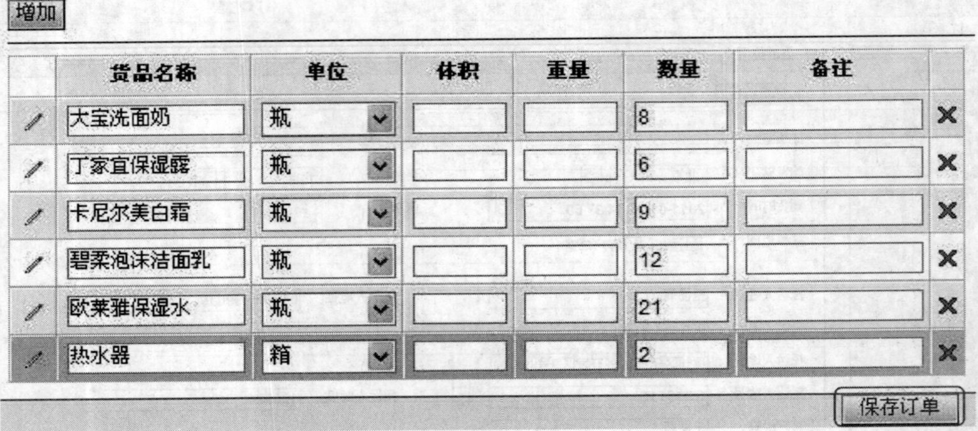

货品名称	单位	体积	重量	数量	备注
大宝洗面奶	瓶			8	
丁家宜保湿露	瓶			6	
卡尼尔美白霜	瓶			9	
碧柔泡沫洁面乳	瓶			12	
欧莱雅保湿水	瓶			21	
热水器	箱			2	

图 2—9　货品信息录入完成界面

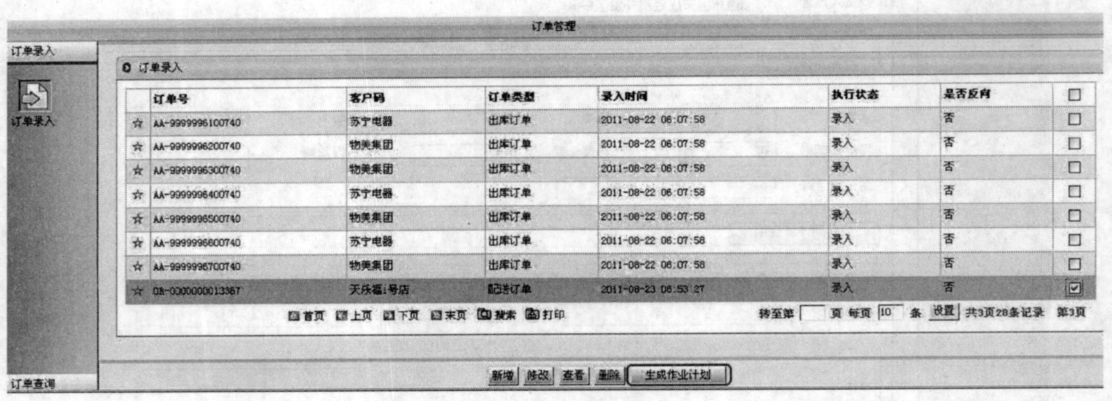

订单号	客户码	订单类型	录入时间	执行状态	是否反向
AA-9999996100740	苏宁电器	出库订单	2011-08-22 06:07:58	录入	否
AA-9999996200740	物美集团	出库订单	2011-08-22 06:07:58	录入	否
AA-9999996300740	物美集团	出库订单	2011-08-22 06:07:58	录入	否
AA-9999996400740	苏宁电器	出库订单	2011-08-22 06:07:58	录入	否
AA-9999996500740	物美集团	出库订单	2011-08-22 06:07:58	录入	否
AA-9999996600740	苏宁电器	出库订单	2011-08-22 06:07:58	录入	否
AA-9999996700740	物美集团	出库订单	2011-08-22 06:07:58	录入	否
DB-0000000013367	天乐福1号店	配送订单	2011-08-23 08:53:27	录入	否

图 2—10　订单查看

订单管理

订单录入

当前位置：

订单信息

订单号 ______ 业务类型 B

始发站 北京 目的站 北京

到货时间 2011-01-22 14:37:00 * 运单号 ______

签单返回 □运单 ☑客户单据

托运人姓名 王丽莉 * 托运人电话 010-50789019 *

托运人单位 天乐福1号店

托运人地址 通州区宋庄经济开发区9号

托运人账号 GO15115 托运人邮编 100024

客户经理 王丽莉

取货联系人 ______ 取货联系人电话 ______

取货地址 ______

项目名称 ______

收货人姓名 王丽莉 收货人电话 13987685462

收货人单位 天乐福1号店

收货人地址 通州区宋庄经济开发区9号

收货人账号 ______ 收货人邮编 ______

保存收货人

运费 ______ 杂费 ______ 费用小计 ______

投保声明 否 投保金额 ______ 保险费 ______

运杂费合计 ______

按合同计算费用

结算方式 ○托运人现结 ○托运人月结 ○收货人现结 ○收货人月结 ⊙第三方付费 *

预收款 ______ 付费账号 ______

备注 ______

制单人 订单部01

受理日期 2011-01-21 09:30:20 受理单位 订单部01

增加

货品名称	单位	体积	重量	数量	备注
大宝洗面奶	瓶			8	
丁家宜保湿露	瓶			6	
卡尼尔美白霜	瓶			9	
碧柔泡沫洁面乳	瓶			12	
欧莱雅保湿水	瓶			21	
热水器	箱			2	

生成作业计划

订单查询

图 2—11 订单审核

相关链接

订单确认与录入是配送订单处理的重要环节。订单确认一般包括以下内容：货物数量及日期的确认、客户信用的确认、订单形态确认、订单价格确认和加工包装确认。

由于配送中心规模和类型的不同，订单确认的内容也会有所差异，对一些配送中心客户信用额度的确认非常重要。不论订单是由何种方式传至公司，配送系统必须首先查核客户的财务状况，以确认其是否有能力支付该订单的账款。当客户此次的订购金额加上以前累积的应收账款已超过其信用额度时，系统应将此笔订单资料锁定，以便主管审核，审核通过，此笔订单资料才能进入下一个处理步骤。客户信用额度审核流程如图 2—12 所示。

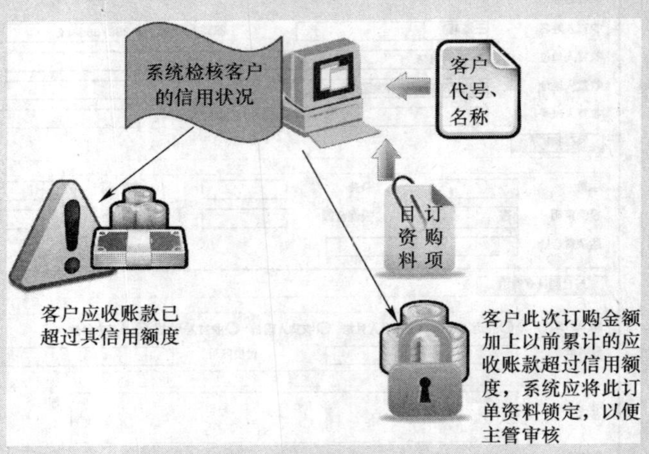

图 2—12　客户信用额度审核流程

配送中心可通过各种方式来接收客户订单，获取订单的方式见表 2—5。

表 2—5　　获取订单的方式

方式	具体内容	适用情况
厂商补货	配送中心通过直接携带货物并依次给各订货方送货，根据客户的存货情况及时进行补给，从而即时获取订单。这种方式常用于周转速度较快的商品或新上市的商品	企业物流配送
	负责客户管理的物流人员事先对各个客户的货物需求情况进行巡视，并在了解补货需求后，获得送货订单	

续表

方式	具体内容	适用情况
口头订货	客户以电话方式向配送中心订货。这一订货方式的缺点是客户每天需订货的种类可能很多，数量也不尽相同，因此，错误率较高	企业物流配送和物流企业配送
传真订货	客户将缺货资料整理成书面资料，利用传真机发给配送中心。利用传真机可快速传送订货信息，缺点是常因传送文件的质量不佳而增加事后确认作业	企业物流配送和物流企业配送
邮寄订单	邮寄订单就是客户将订货单或记录有订货资料的磁盘、磁带邮寄给配送中心	企业物流配送和物流企业配送
跑单接单	业务员到各客户处进行合作事宜的洽谈，洽谈成功后将订单带回公司	企业物流配送
电子订货	采用电子传输方式取代传统人工书写、输入、传送的订货方式，它将订货资料由书面资料转变为电子资料，通过公司的电子订货系统进行传送	企业物流配送和物流企业配送

任务二 分拣作业

分拣作业是配送中心依据顾客的订单要求或配送计划，迅速、准确地将商品从其储位或其他区位拣取出来，并按一定方式进行分类、集中的作业过程。

合理规划与管理分拣作业，对提高配送中心作业效率和降低作业成本具有事半功倍的效果。分拣处理的作业流程如图 2—13 所示。

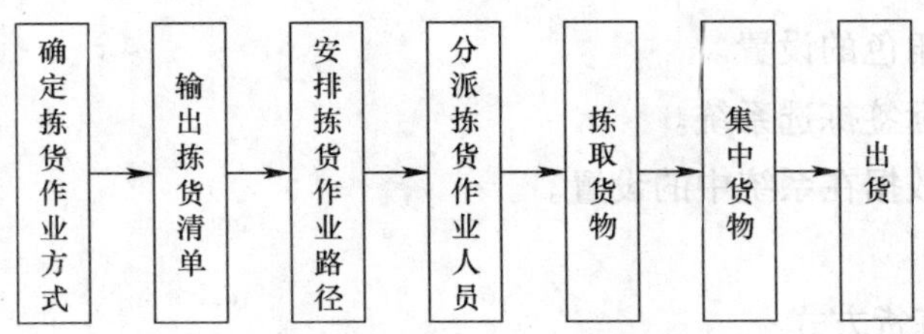

图 2—13 分拣处理的作业流程

学习目标

掌握分拣作业流程

能够选择正确的拣货方式

能够根据订单内容制作合理的拣货资料

能够选择合理的拣货路径

能够合理安排拣货作业人员

能够正确使用分拣设备完成拣货作业

能够按时完成货物的集货作业

操作任务

嘉禾物流仓储中心的拣选区分两个区域，一楼为流动货架区，负责整件拣选，按货物特性主要分 A、B、C、D 四个区域，依次储存家用电器、电子器材、家用百货、食品。二楼包括栈板货架区和电子拣选区，负责拆零拣选，主要储存拆零的化妆品和电子器材。

2011 年 1 月 21 日上午，嘉禾物流仓储中心收到天乐福 3 家门店的订货单，订单内容见表 2—1 至表 2—3。订单部需要根据客户的订货信息汇总出第一批次的拣货信息，拣货员依据拣货信息实施拣货任务。

操作准备

（1）准备订单。

（2）准备空白拣选单。

（3）准备手持终端、周转箱。

（4）准备搬运设备。

（5）准备待拣选的货物。

（6）准备拣选区域的场景设置。

（7）准备操作角色的设置。

（8）启动电子标签拣选系统。

（9）准备任务数据在系统中的设置。

操作步骤

步骤一：确定拣货方式

嘉禾物流仓储中心的客户较多，每天接收订单的品种、数量及出库频率不同，因此，仓储中心会根据实际情况分析哪些订单适应于单一订单拣取，哪些适应于批量拣取，分别采取不同的拣选方式即复合式拣选。

采用单一订单拣取时，拣货人员的每次拣取只针对一张订单，按照订单所列货物及数量，将客户所订购的货物逐一由储位取出，然后集中在一起。嘉禾物流仓储中心的单一订单拣取流程如图 2—14 所示。

采用批量拣取时，订单部会先根据货物储存区域、出货数量等信息将数张订单集合成一批，制作成拣货资料，拣货人员再根据拣货资料实施拣货。嘉禾物流仓储中心的批量拣取流程如图 2—15 所示。

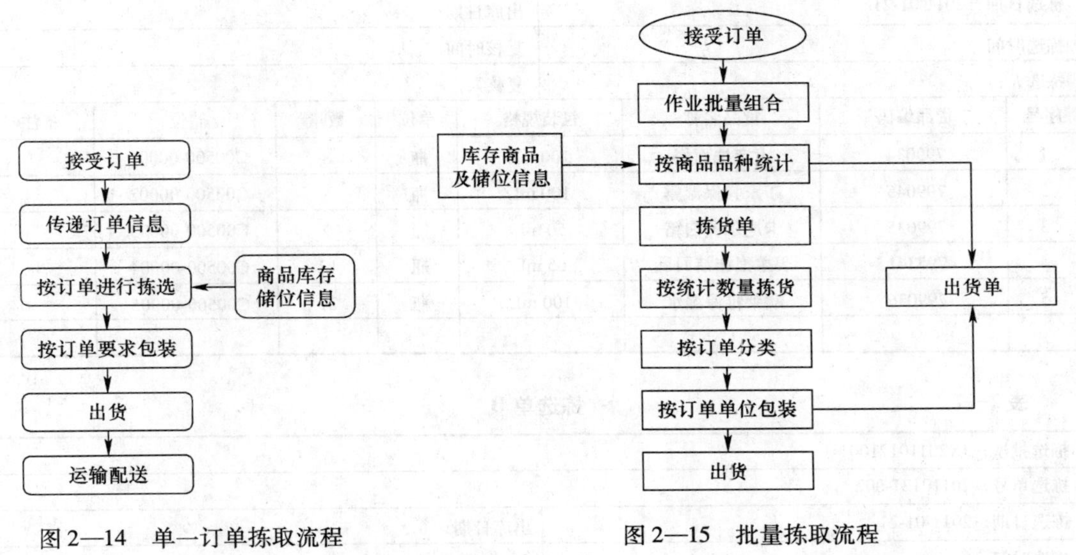

图 2—14　单一订单拣取流程　　　　图 2—15　批量拣取流程

在本次作业中，嘉禾物流仓储中心采用了批量拣取方式，即将本时段中的订单合并，再根据订单中的货物品种、单位和储存区域对合并订单进行分割，形成拣货单。

步骤二：生成拣货资料

嘉禾物流仓储中心的拣货单制作流程如图 2—16 所示。

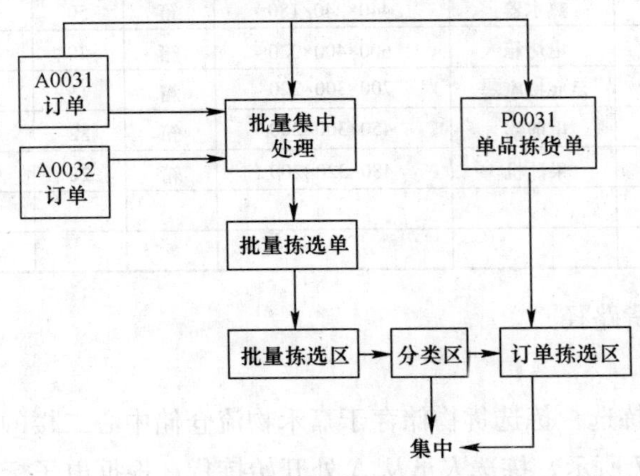

图 2—16　拣货单制作流程

生成的拣货资料见表 2—6 和表 2—7。

表 2—6 拣选单 A

拣选批次：JX20110121001							
拣选单号：20110121-001							
拣选日期：2011-01-21				出库日期：			
拣选时间：				复核时间：			
拣选人：				复核人：			
序号	货品编码	货品名称	包装规格	单位	数量	储位	备注
1	799034	大宝洗面奶	100 mL	瓶	8	C00500-00001	
2	799045	丁家宜保湿露	100 mL	瓶	6	C00500-00002	
3	799035	卡尼尔美白霜	50 mL	瓶	9	C00500-00003	
4	795341	碧柔泡沫洁面乳	65 mL	瓶	12	C00500-00004	
5	799036	欧莱雅保湿水	100 mL	瓶	21	C00500-00005	

表 2—7 拣选单 B

拣选批次：JX20110121001							
拣选单号：20110121-002							
拣选日期：2011-01-21				出库日期：			
拣选时间：				复核时间：			
拣选人：				复核人：			
序号	货品编码	货品名称	包装规格	单位	数量	储位	备注
1	9787880622355	冷藏箱	500×400×220	箱	24	C00646-G00000	
2	9787799917542	电暖气	1 000×250×180	箱	20	C00646-G00001	
3	9787799510521	吸尘器	600×300×220	箱	24	C00646-G00101	
4	9787883203872	热水器	440×240×180	箱	50	C00646-G00002	
5	9787799912714	电烤箱	600×400×220	箱	20	C00646-G00003	
6	9787798966879	足底按摩器	700×300×220	箱	16	C00646-G00103	
7	9787799912707	电煎锅	450×300×200	箱	32	C00646-G00004	
8	9787885273156	果汁机	480×320×200	箱	28	C00646-G00005	

步骤三：确定拣货路径

1. 拣选单 A

拣选单 A 为拆零拣选，拣选货物储存于嘉禾物流仓储中心二楼的电子拣选区。电子拣选区平面图如图 2—17 所示，拣选人员从 A 处开始拣货，根据电子标签指示灯依次完成拣选作业。拣选完成后，将装有货物的周转箱推至包装端完成包装作业。

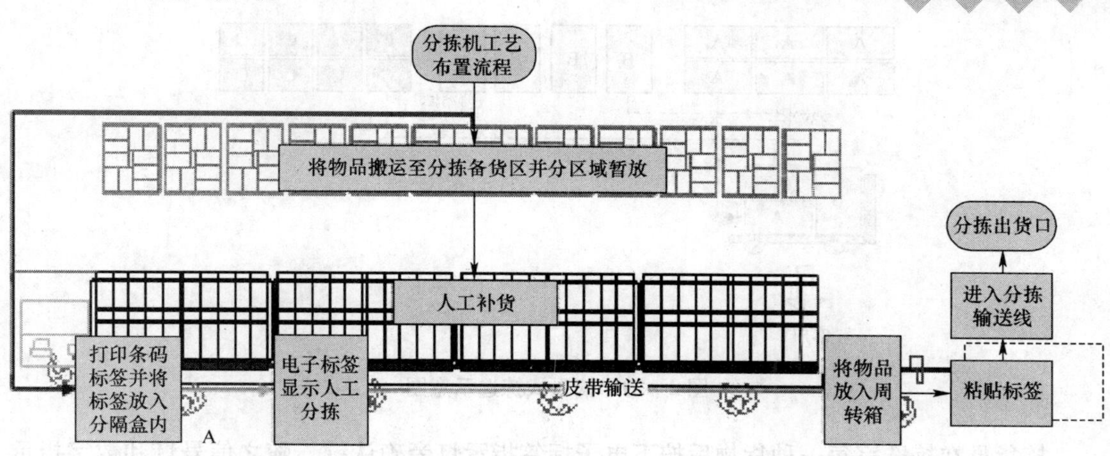

图 2—17 电子拣选区平面图

2. 拣选单 B

拣选单 B 为整件拣选，拣选货物储存于嘉禾物流仓储中心一楼的流动货架区的 A 区。流动货架动管拣货区的局部平面图如图 2—18 所示。

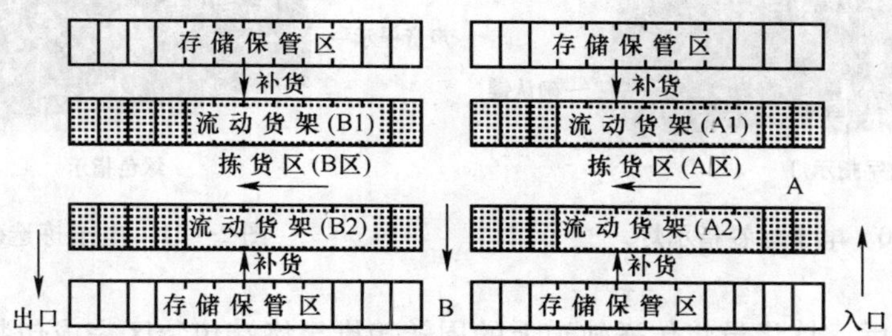

图 2—18 流动货架动管拣货区的局部平面图

拣货人员从 A 处开始拣货，根据拣货单依次完成拣选作业，拣选完成后将货物经 B 口搬运至出库暂存区。

步骤四：分派拣货人员

嘉禾物流仓储中心电子拣选区的拣货任务由仓管员张力完成。流动货架动管拣货区 A 区的拣货任务由仓管员李明完成。

步骤五：实施拣货作业

1. 拣选单 A—电子拣选区

仓管员张力根据每一个电子标签的数字提示，将相应拣选货物放至输送带上的周转箱内，这种拣货方式称为摘果式拣选，拣货作业示意图如图 2—19 所示。

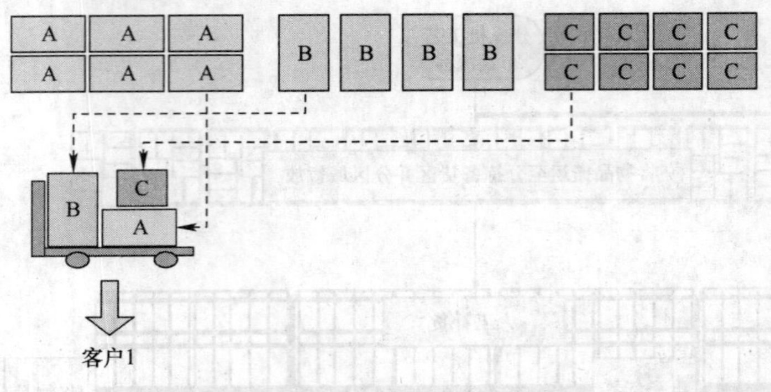

图 2—19　摘果式拣选示意图

拣货员在拣选完每一种货物后按下电子标签指示灯旁确认键，随之信号灯和数字指示灯自动关闭，如图 2—20 所示。

完成全部拣选任务后，拣选完成器的绿色指示灯自动点亮，按下完成器上的确认键，如图 2—21 所示，表示拣选任务完成。

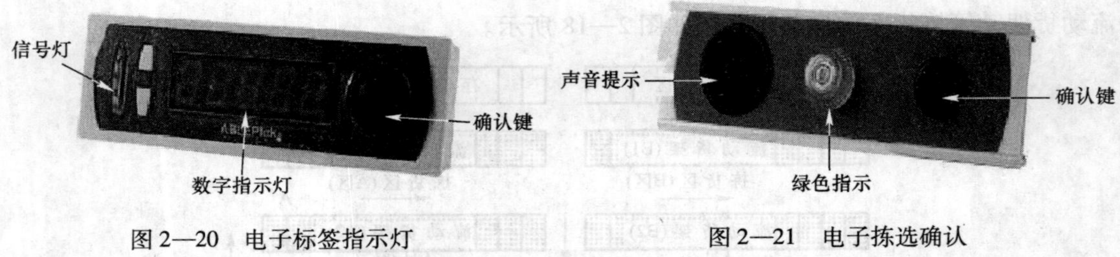

图 2—20　电子标签指示灯　　图 2—21　电子拣选确认

拣选完成之后，拣货员将传送轨道上的周转箱推至终端包装区完成包装。

2. 拣选单 B—流动货架区

嘉禾物流仓储中心流动货架动管拣货区使用手持终端完成货物的拣选作业。流动货架区的拣货单是将多张订单集合成一批，依货物类别将数量加总后再进行拣取，拣取完成后再按客户订单分放于各客户的货位上。这种拣货方式称为播种式拣选，拣货作业示意图如图 2—22 所示。

（1）登录手持终端系统。李明登录手持终端系统，进入其应用操作主功能界面，如图 2—23 所示。

（2）读取拣货信息。在图 2—23 中，点击【出库拣货】，进入图 2—24 所示的界面，手持终端下方提示需要拣货的储位、货物名称和数量。

（3）拣货。李明根据手持终端提示的拣货信息，使用叉车将一个物流托盘的冷藏箱从正确储位下架，如图 2—25 所示。

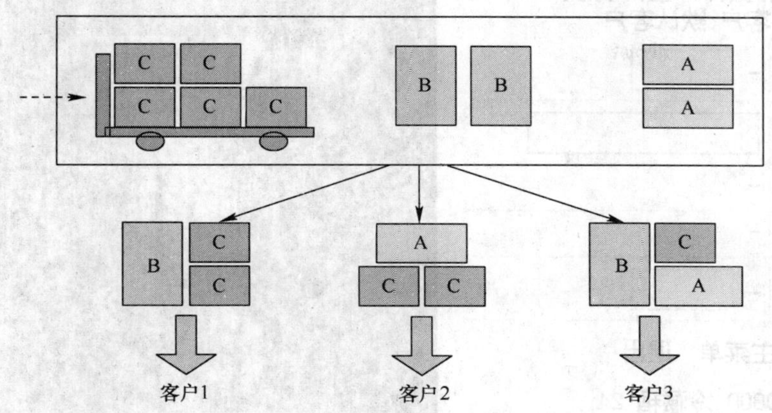

图 2—22　播种式拣选示意图

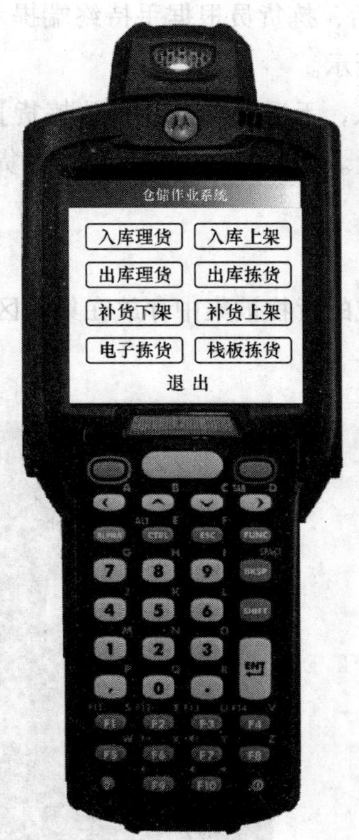

图 2—23　手持终端主功能界面

当前操作：出库拣货
客户:默认客户

储位标签	- [ ]
货品条码	[ ]
货品名称	-
规格	-
数量	- [ ]

返回　主菜单　退出

C00646-G00000 冷藏箱 24

图 2—24　出库拣货

图 2—25　拣货

（4）拣货确认。货物下架后，拣货员根据手持终端提示扫描储位标签和货品条形码，信息采集成功后，如图 2—26 所示。

拣货员对拣货数量进行确认，无误后点击【确认拣货】。根据上述步骤，李明依次完成拣货单上所有货物的拣货作业。如果拣选数量大于托盘货物数量，则拣选剩余的货物需要进行补货作业。

步骤六：集中与分货

批量拣取完成后，拣选完成的货物被集中存放在集货区。待配货员完成分货作业，如图 2—27 所示。

当前操作：出库拣货
客户:默认客户

储位标签	C00646 - G00000
货品条码	9787880622355
货品名称	冷藏箱
规格	-
数量	24 24

确认拣货

返回　主菜单　退出

第3号备货区
C00646-G00000　冷藏箱　24

图 2—26　确认拣货

图 2—27　拣选完毕的货物

相关链接

拣货时，拣货作业人员或机器必须直接接触并拿取货物，因此，形成拣货过程中的行走与货物的搬运，缩短行走和货物搬运距离是提高配送中心作业效率的关键。这一过程有两种完成方式，见表2—8。

表2—8　两种行走和搬运方式的比较

类型	方法	特点
人—物方式	拣货人员以步行或搭乘拣货车辆方式到达货物储存位置	货物静止，移动方为拣取者
物—人方式	拣取人员在固定位置作业，不必去寻找商品的储存位置，主要移动方是货物	货品处于动态，如轻负载自动仓储、旋转自动仓储等，拣取者静止

当货品出现在拣取者面前时，一般采取的两个动作为拣取与确认。拣取是抓取物品的动作，确认则是确定所拣取的货物、数量是否与指示拣货的信息相同。在实际的作业中，配送中心多采用读取品名与拣货单据作对比的确认方式，较先进的做法是利用无线传输终端机读取条形码后，再由计算机进行确认，如图2—28 所示。

图2—28　手持终端拣选

配送中心通常对小体积、小批量、搬运质量在人力范围内且出货频率不是特别高的货品，采取手工方式拣取；对体积大、质量大的货物，利用升降叉车等搬运机械辅助作业；对于出货频率很高的货品则采用自动分拣系统进行拣货。

配送中心在收到多个客户的订单后，可以形成批量拣取，然后再根据不同的客户或送货路线分类集中，有些需要进行流通加工的商品还需根据加工方法进行分类，加工完毕再按一定方式分类出货。多品种分货的工艺过程较复杂，难度也大，容易发生错误，必须在统筹安排形成规模效应的基础上，提高作业的精确性。在物品体积小、质量轻的情况下，可以采取人力分货，也可以采取机械辅助作业，或利用自动分货机自动将拣取出来的货物进行分类与集中。分类完成后，货物经过查对、包装便可以出货、装运、送货。分货过程如图 2—29 所示。

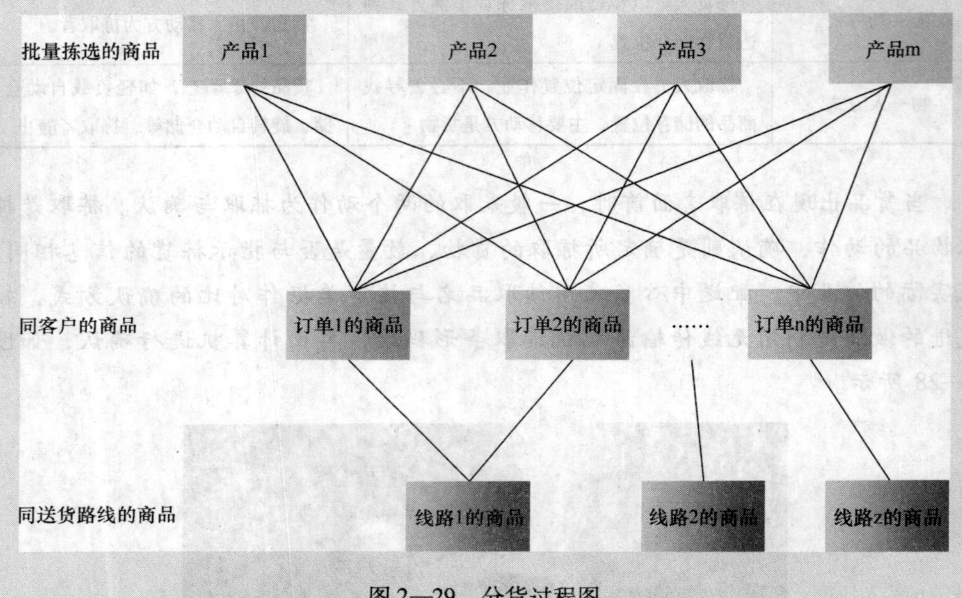

图 2—29　分货过程图

任务三　补货作业

补货作业是将货物从仓库保管区域搬运到拣货区的工作。补货作业的目的是向拣货区补充适当的商品，以保证拣货作业的需求。通常以托盘为单位，从商品保管区（Reserve Area）将商品移到拣货区域（Home Area）的作业过程。补货可分为定时补货和不定时补货。补货方式包括整箱补货、整托补货和货架间补货。补货作业流程如图 2—30 所示。

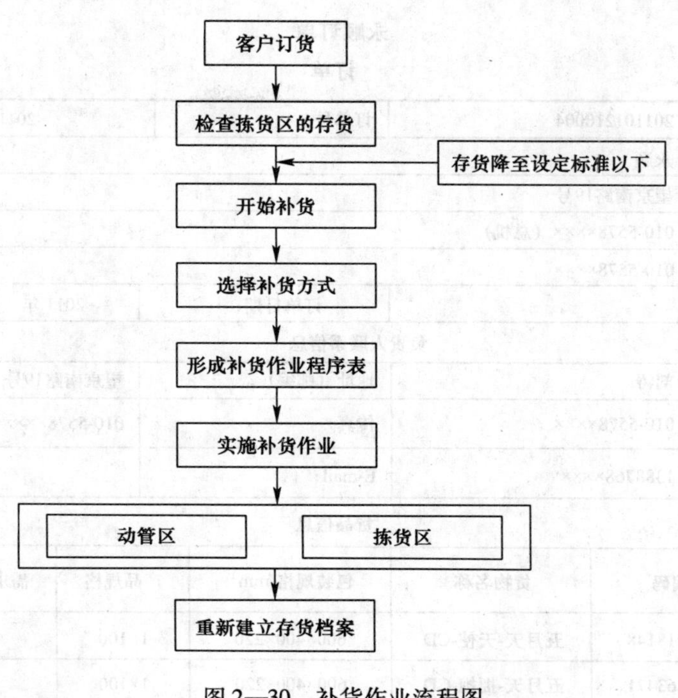

图 2—30　补货作业流程图

学习目标

掌握补货作业流程

能够选择正确的补货时机

能够选择正确的补货方式

能够根据订单信息和存货信息制作补货单

能够正确使用补货设备完成补货作业

操作任务

嘉禾物流仓储中心对负责整件拣选的一楼托盘流动货架区和负责拆零拣选的二楼栈板货架区及电子拣选区实施不同的补货方式。托盘流动货架区采用批次补货方式，使用整箱补货。栈板货架区和电子拣选区采用随机补货方式。

2011 年 1 月 21 日上午，嘉禾物流仓储中心接到客户——永顺的订货单，订单内容见表 2—9。仓储中心需要依据客户订单完成货物拣选、出库和送货作业，在客户的指定时间将货物送到。客户——永顺订购的货物存储于 1 楼 C 区的托盘流动货架区。

表 2—9 永顺订单

订单

接单处理号:	201101210004	订单号:	201101210004
公司名称:	永顺		
公司地址:	望京南路19号		
电话:	010-5578××××（总机）		
传真:	010-5578××××		
E-mail:		订单日期:	2011 年 1 月 21日
负责人联系信息			
姓名:	刘涛	地址（邮编）:	望京南路19号
电话:	010-5578××××	传真:	010-5578××××
手机号码:	1388768××××	E-mail:	

货品信息

序号	货物编码	货物名称	包装规格(mm^3)	产品规格	需求数量	单位
1	9787799418148	五月天-天使-CD	600×400×220	1×100	5	箱
2	9787885163471	五月天-拥抱-CD	600×400×220	1×100	5	箱
3	9787885160371	五月天-温柔-CD	600×400×220	1×100	5	箱
备注:	请于1月22日下午3点前送至					

操作准备

（1）准备订单。

（2）准备拣选单。

（3）准备空白存货信息表和补货单。

（4）准备手持终端。

（5）准备装卸搬运设备。

（6）准备待补货的货物。

（7）准备补货区域的场景设置。

（8）准备操作角色的设置。

（9）准备任务数据在系统中的设置。

操作步骤

步骤一：客户订货

嘉禾物流仓储中心订单部接收客户——永顺的订单，完成订单确认工作后制作的拣选单见表 2—10。

表 2—10　　　　　　　　　　拣选单 C

拣选批次：JX20110121002							
拣选单号：20110121-003							
拣选日期：2011-01-21				出库日期：			
拣选时间：				复核时间：			
拣选人：				复核人：			
序号	货品编码	货品名称	包装规格(mm^3)	单位	数量	储位	备注
1	9787799418148	五月天-天使-CD	600×400×220	箱	5	C00648-J00001	
2	9787885163471	五月天-拥抱-CD	600×400×220	箱	5	C00648-J00002	
3	9787885160371	五月天-温柔-CD	600×400×220	箱	5	C00648-J00003	

步骤二：检查拣货区存货

嘉禾物流仓储中心一楼托盘流动货架 C 区 J 列货架负责 CD 整件拣选。存储保管区和动管拣货区区域图如图 2—31 所示。

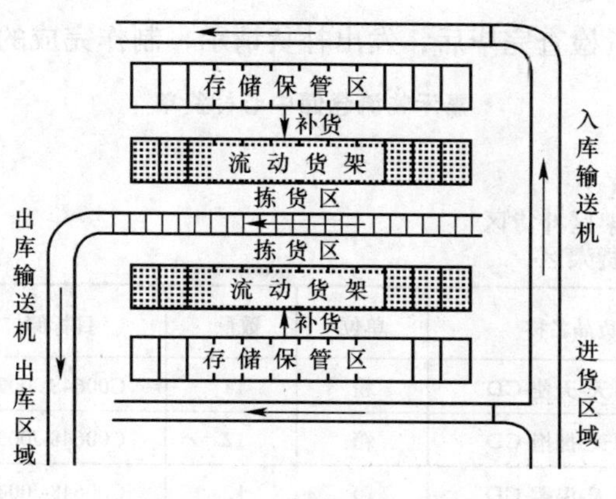

图 2—31　动管拣货区 C 区平面图

货物首先由入库输送机输送至存储保管区存放，动管拣货区为两面开放式的流动式货架，拣货时拣货员在流动货架拣取区拣取货物后放置于出库输送机运至出货区。当拣货完成后发现动管区的存货低于安全要求之下时，则发出补货指令由流动货架背面完成补货。

嘉禾物流仓储中心流动式货架拣货区实施批次补货方式，在每一批次拣取前，由作业人员计算出需要拣取的总拣取量，再相对查看动管拣货区的货物存量，在拣取前的特定时点补足动管拣货区的货物。

补货员统计的动管拣货区存货信息见表 2—11。

表 2—11　　嘉禾物流仓储中心拣货区存货信息表

2011年1月21日　　补货员：张运

货品编码	货品名称	安全库存（箱）	实际存量（箱）	存货区域
9787799418148	五月天-天使-CD	10	4	C00648-J00001
9787885163471	五月天-拥抱-CD	10	3	C00648-J00002
9787885160371	五月天-温柔-CD	10	3	C00648-J00003
9787885160715	羽泉-冷酷到底-CD	10	10	C00648-J00004
9787885160296	羽泉-最美-CD	10	10	C00648-J00005
9787885160203	羽泉-深呼吸-CD	10	10	C00648-J00006
9787880701203	飞儿乐队-我们的爱-CD	10	10	C00648-J00007
9787799418261	飞儿乐队-你的微笑-CD	10	10	C00648-J00008

通过查看存货信息表，当前嘉禾物流仓储中心动管拣选区五月天-天使- CD、五月天-拥抱- CD、五月天-温柔- CD 的存量已经低于安全库存且不能满足拣选单 C 中的拣货需求。

步骤三：统计补货信息

补货员对拣货区存货检查完毕后，发出补货请示，制作完成的补货单见表 2—12。

表 2—12　　嘉禾物流仓储中心补货单

补货单号：20110121001源区
源区编码：C00648-托盘货架区补货区　　时间：2011年1月21日
补货区编码：C00648-流动货架区

货品编码	货品名称	单位	数量	目标储位	源储位
9787799418148	五月天-天使-CD	箱	11	C00648-J00001	C00648-00001
9787885163471	五月天-拥抱-CD	箱	12	C00648-J00002	C00648-00002
9787885160371	五月天-温柔-CD	箱	12	C00648-J00003	C00648-00003

制单人：张运

步骤四：生成补货作业单

仓管员登录仓储管理系统。订单处理主要操作功能按钮如图 2—32 所示。

图 2—32　订单处理主要操作功能按钮

点击【补货单】，进入图 2—33 所示的界面。

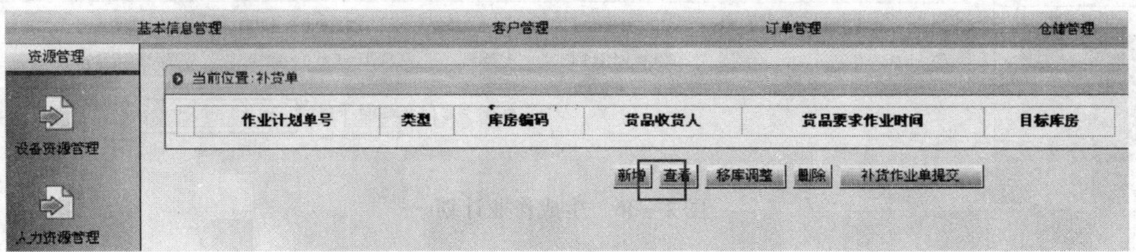

图 2—33　新增补货指令

点击【新增】，进入补货指令录入界面，如图 2—34 所示。

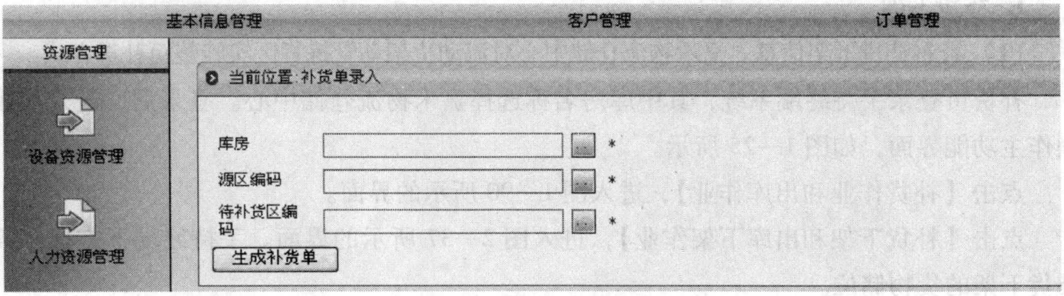

图 2—34　补货指令待录入

根据补货指令录入系统，如图 2—35 所示。由于当存货降至系统设定的标注以下时，需要进行补货至系统要求的数量。此处只需录入源区和待补货区编码，而无须具体录入补货的商品名称及数量，是因为系统在此之前已有相应的设置，将相关信息进行了关联。

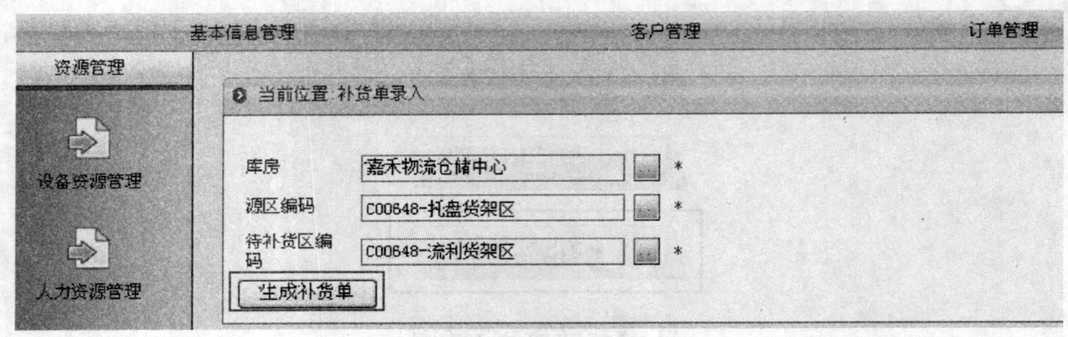

图 2—35　预生成补货单

补货指令录入完毕后点击【生成补货单】，即补货指令已生成。生成补货单后，进入图 2—36 所示的界面。

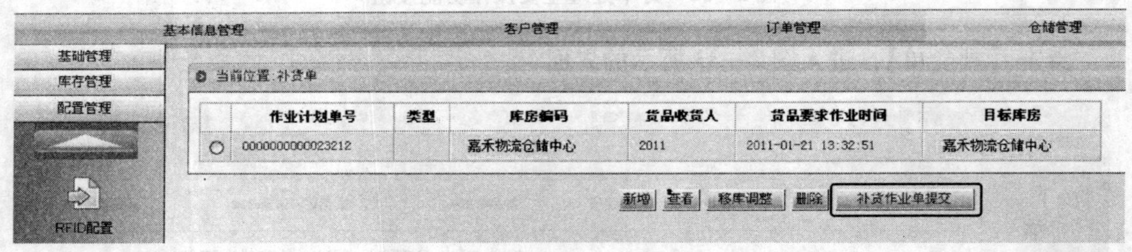

图 2—36　生成作业计划

勾选已录入完毕的补货单，然后点击【补货作业单提交】，即补货指令处理完毕。

步骤五：实施补货作业

1. 补货下架

（1）查看补货下架信息。嘉禾物流仓储中心对流动货架动管拣货区实施整箱补货方式。

补货员登录手持终端系统，其中库房名称选择嘉禾物流仓储中心。登录后，进入应用操作主功能界面，如图 1—25 所示。

点击【补货作业和出库作业】，进入图 1—90 所示的界面。

点击【补货下架和出库下架作业】，进入图 2—37 所示的界面。手持终端下方提示需补货下架的货物储位。

（2）补货下架确认。补货员根据手持终端提示完成储存保管区的货物下架作业。操作完成后采集托盘标签信息和储位标签信息，采集成功后，手持终端系统界面如图 2—38 所示。补货员核对信息无误后点击【确认下架】。

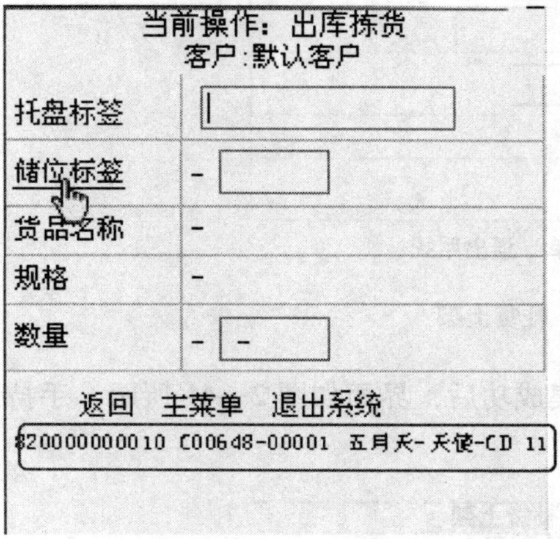

图 2—37　补货下架信息

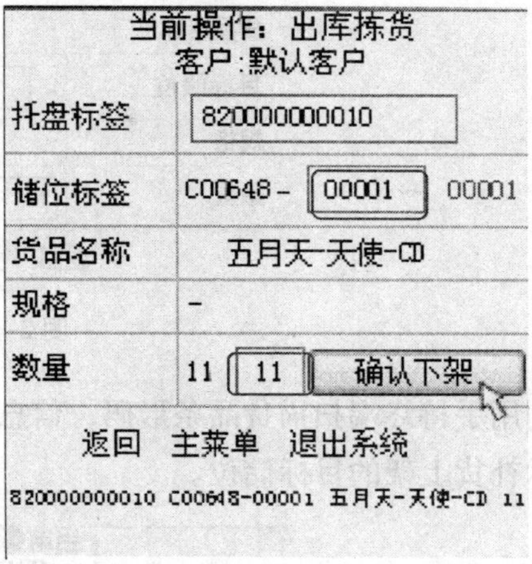

图 2—38　补货下架确认

2. 补货搬运

搬运员通过手持扫描托盘标签，手持系统提示该托盘应该放入补货暂存区。搬运工操作叉车将托盘运至补货暂存区，并在手持系统上确认。补货搬运与出库搬运流程基本相同，具体操作见第一章第三节任务二的步骤四和步骤五。

3. 补货上架

（1）查看补货上架信息。补货员登录手持终端补货作业和出库作业界面，如图 2—39 所示。

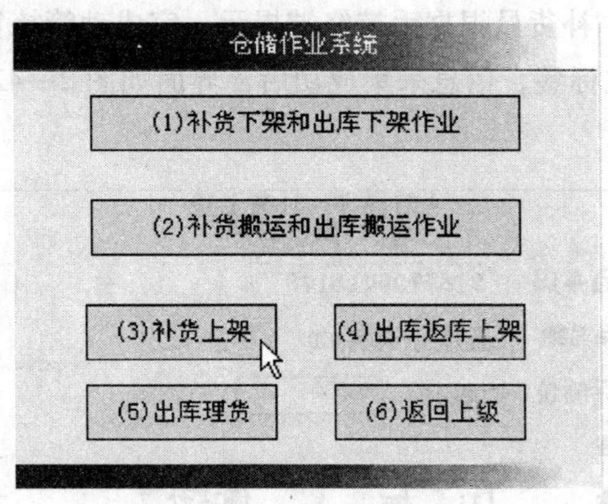

图 2—39　补货作业和出库作业界面

点击【补货上架】，进入图 2—40 所示的界面。

当前操作：补货上架
客户：默认客户

货品条形码	
货品名称	-
目标储位	-
规格	-
数量	1 箱

返回　主菜单　退出系统

图 2—40　补货上架

利用手持终端扫描货品条形码，信息采集成功后，界面如图 2—41 所示，手持终端自动提示补货上架的目标储位。

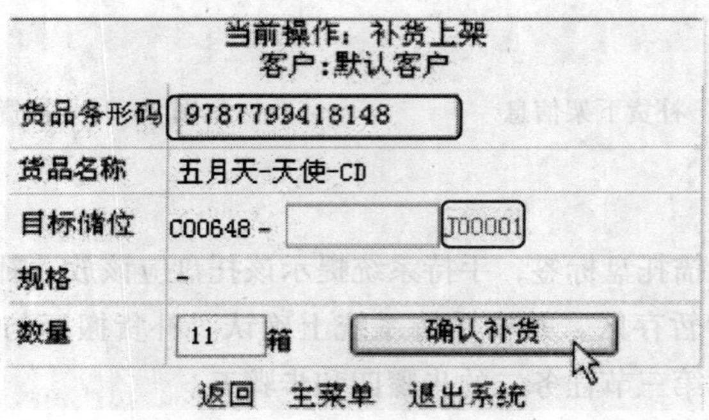

图 2—41　补货上架信息

（2）补货上架确认。补货员根据手持终端提示，完成动管拣货区的补货作业，操作完成后，扫描已补货的储位标签，信息采集成功后，界面如图 2—42 所示。确认补货信息无误后点击【确认补货】。

当前操作：补货上架
客户：默认客户

货品条码	9787799418148
货品名称	五月天-天使-CD
目标储位	C00648 - J00001 J00001
规格	-
数量	11 箱　确认补货

返回　主菜单　退出系统

图 2—42　补货上架确认

补货员根据上述步骤依次完成 3 种货物的补货作业。

相关链接

补货是在产品指定固定的拣区货位定时或不定时地将产品补充到指定拣取货位的作业。仓库作业中将产品从大批量存储区移至拣货区是为了提高拣货的效率。补货操作平面示意图如图 2—43 所示。

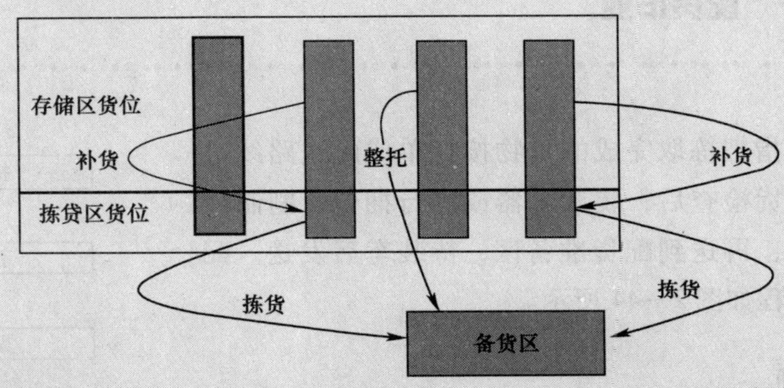

图 2—43 补货操作平面示意图

(1) 仓库补货作业前应确认补货产品实物、系统均无上架、配货、拣货、移动操作，备货区发货不受影响。

(2) 在仓储管理系统中运行补货模块，系统生成补货任务。

(3) 打印补货清单。

(4) 根据补货清单指示从某货位补货至某货位，明确具体补货产品、补货数量以及补货产品批号等信息。

(5) 根据补货清单对已经完成补货任务模块进行手持确认，未完成且不再执行的补货任务需要通过系统取消任务记录。

(6) 补货过程中倘若出现手持补货操作找不到补货任务时，应该检查补货模块选择补货区是否正确。

(7) 补货中实际补货数量小于系统生成补货数量时，按照实际补货数量确认仓储管理系统。

(8) 严禁补货以外的收货、移动占用拣取货位，如有爆仓迹象提前组织补货作业，避免滥用拣取货位。

第二节　配货与送货作业

任务一　配货作业

配货作业是指把拣取完成的货物按订单或配送路线进行分类，经过配货检查后，装入容器或进行捆包、刷制或贴印相应的标示，再送到配货准备区，待装车后发送。配货处理的作业流程如图 2—44 所示。

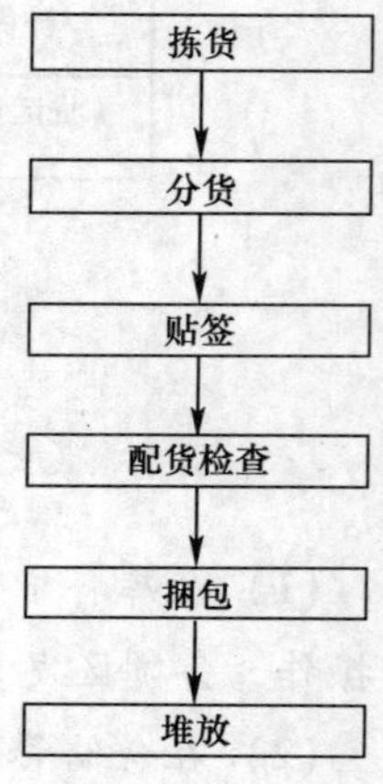

图 2—44　配货处理的作业流程

学习目标

能够进行配货作业检查

能够选择配货包装方式与容器

能够开展理货作业

能够制作配送单据

操作任务

嘉禾物流仓储中心负责北京周边短距离的城市配送业务，每天配送的货物种类有食品、酒类、小家电器材、冷冻食品、家居用品等，数量上万。仓储中心面对的客户系统非常复杂，有些货物配送至分中心，有些则直接配送至客户的零售店铺。嘉禾物流仓储中心每天实行 3 次配送业务，配送时间表见表 2—13。因此，高效、准确、快速、科学的配货业务是嘉禾物流仓储中心提高配送速度、满足客户服务水平的一个重要环节。

表 2—13　　嘉禾物流仓储中心配送时间表

次数	拣货时间	配送时间	配送商品数量
第一次	10：00—12：00	13：00	8 000 箱
第二次	13：00—15：00	17：00	8 000 箱
第三次	17：00—19：00	20：00	6 000 箱

嘉禾物流仓储中心实行分货式配货方法，当订单部成功接收客户订单后，会按拣选批次将订单合并，形成新的拣货单。拣选人员按合并后的拣货单完成各负责区域的拣选任务，拣选完成的货物集中存放在集货区，待配货员完成分货和配货任务。

2011 年 1 月 21 日，20110121001 批次的货物已经拣选完毕，集中存放在集货区。签字确认的拣选单见表 2—14 和表 2—15。配货员需要根据客户的出库单完成本次任务的配货作业。

表 2—14　　拣选完毕的拣选单 A

拣选批次：JX20110121001							
拣选单号：20110121-001							
拣选日期：2011-01-21				出库日期：			
拣选时间：10：30				复核时间：			
拣选人：张力				复核人：			
序号	货品编码	货品名称	包装规格	单位	数量	储位	备注
1	799034	大宝洗面奶	100 mL	瓶	8	C00500-00001	
2	799045	丁家宜保温露	100 mL	瓶	6	C00500-00002	
3	799035	卡尼尔美白霜	50 mL	瓶	9	C00500-00003	
4	795341	碧柔泡沫洁面乳	65 mL	瓶	12	C00500-00004	
5	799036	欧莱雅保湿水	100 mL	瓶	21	C00500-00005	

表 2—15　　拣选完毕的拣选单 B

拣选批次：JX20110121001							
拣选单号：20110121-002							
拣选日期：2011-01-21				出库日期：			
拣选时间：11：00				复核时间：			
拣选人：李明				复核人：			
序号	货品编码	货品名称	包装规格(mm^3)	单位	数量	储位	备注
1	9787880622355	冷藏箱	500×400×220	箱	24	C00646-G00000	
2	978799917542	电暖气	1 000×250×180	箱	20	C00646-G00001	
3	9787799510521	吸尘器	600×300×220	箱	24	C00646-G00101	
4	9787883203872	热水器	440×240×180	箱	50	C00646-G00002	
5	9787799912714	电烤箱	600×400×220	箱	20	C00646-G00003	
6	9787798966879	足底按摩器	700×300×220	箱	16	C00646-G00103	
7	9787799912707	电煎锅	450×300×200	箱	32	C00646-G00004	
8	9787885273156	果汁机	480×320×200	箱	28	C00646-G00005	

操作准备

（1）准备签字确认的拣选单。

（2）准备出库单。

（3）准备拣选完毕的货物。

（4）准备捆扎带、保护膜、标签等。

（5）准备条形码打印机。

（6）准备打包机。

（7）准备分货和配货场地的设置。

（8）准备操作任务的数据在系统中的设置。

操作步骤

步骤一：分货

配货员根据出库单，将集中存放在集货区的货物进行分配，逐一放至客户的指定货位。在嘉禾物流仓储中心，客户的货位以区划分，分朝阳区、丰台区、海淀区、东城区、西城区和京郊区。出库单见表2—16至表2—18。

表2—16　　天乐福1号店出库单

出库单

作业计划单号
0000000000023130

2011配货中心 嘉禾物流仓储中心　　**应发总数：**58.0　**实发总数：**

客户名称：天乐福1号店　**客户编号：**　**客户指令号：**　**日期：**2011-01-21

产品名称	条形码	规格	单位	应发数量	实发数量	货位号	批号	备注
大宝洗面奶	799034		瓶	8				
丁家宜保湿露	799045		瓶	6				
卡尼尔美白霜	799035		瓶	9				
碧柔泡沫洁面乳	795341		瓶	12				
欧莱雅保湿水	799036		瓶	21				
热水器	9787883203872		箱	2				

仓管员(签字):　　**收货人(签字):**

表 2—17　　　　天乐福 2 号店出库单

出库单

作业计划单号
0000000000023131

2011配货中心 嘉禾物流仓储中心　　　　应发总数：99.0　实发总数：

客户名称：天乐福2号店　客户编号：　客户指令号：　　　日期：2011-01-21

产品名称	条形码	规格	单位	应发数量	实发数量	货位号	批号	备注
冷藏箱	9787880622355		箱	12				
电暖气	9787799917542		箱	14				
电烤箱	9787799912714		箱	12				
吸尘器	9787799510521		箱	15				
电煎锅	9787799912707		箱	14				
果汁机	9787885273156		箱	14				
热水器	9787883203872		箱	18				

仓管员(签字):　　　　收货人(签字):

根据出库单 1（天乐福 1 号店）所示的信息，配货员将集货区的 8 瓶大宝洗面奶、6 瓶丁家宜保湿露、9 瓶卡尼尔美白霜、12 瓶碧柔泡沫洁面乳、21 瓶欧莱雅保湿水和 2 箱热水器放至出库理货区的通州区。完成出库单 1 中货物的分货任务后，配货员根据出库单 2 和 3 的提示，依次将集货区的货物放至出库理货区的海淀区和通州区，如图 2—45 所示。

步骤二：贴签

配货完成后，配货员将打印完毕印有配送信息的标签贴在包装箱的右上角，如图 2—46 所示。标签信息包括客户配送目的地、送货方式、货品条形码等内容。

步骤三：配货检查

配货员根据出库单内容核对各区域客户配货是否正确。核对内容包括客户名称和地点，货物名称、规格、数量和包装等信息。嘉禾物流仓储中心使用货物条形码检查法完成配货检查。配货员使用手持终端扫描标签条形码，检查配货信息是否正确，如图 2—47 所示。

表 2—18　　天乐福 3 号店出库单

出库单

作业计划单号
0000000000023132

2011配货中心 嘉禾物流仓储中心　　应发总数：113.0 实发总数：

客户名称：天乐福3号店　客户编号：　客户指令号：　日期：2011-01-21

产品名称	条形码	规格	单位	应发数量	实发数量	货位号	批号	备注
冷藏箱	9787880622355		箱	12				
电暖气	9787799917542		箱	6				
电烤箱	9787799912714		箱	8				
吸尘器	9787799510521		箱	9				
电煎锅	9787799912707		箱	18				
果汁机	9787885273156		箱	14				
热水器	9787883203872		箱	30				
足底按摩器	9787798966879		箱	16				

仓管员(签字):　　收货人(签字):

图 2—45　配货员完成分货及配货作业

图 2—46　贴签

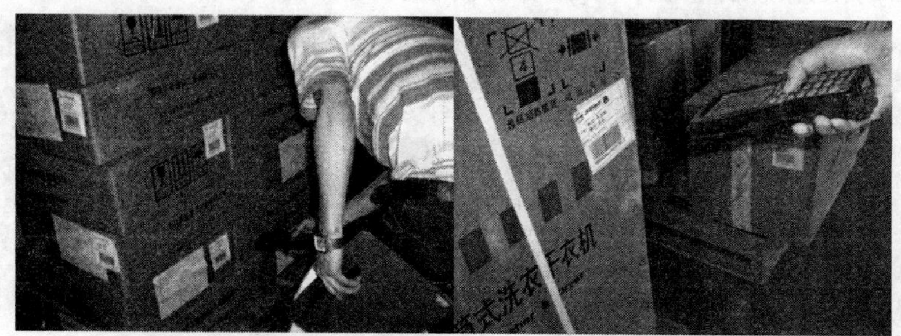

图 2—47　配货检查

步骤四：捆扎包装

配货作业的最后一个环节，便是对配送货物进行包装和捆扎。嘉禾物流仓储中心配货员完成配货作业后，会重新检查货物的现有包装是否能够保证货物在配送过程中避免压损，对出现包装破损的货物进行重新打包作业；对零散货物进行捆扎或放入合适的容器中，以实现整箱集中装卸；对特殊货物实行加固，比如使用包装膜固定等，如图 2—48 所示。从而实现保护货物、提高配送效率的作用。

图 2—48　货物加固

相关链接

配货作业中的包装主要是指物流包装，主要作用是为了保护货物并将多个零散包装物品放入大小合适的箱子中，以实现整箱集中装卸、成组化搬运等，同时，减少搬运次数，降低货损，提高配送效率。另外，包装也是产品信息的载体，通过在外包装上贴签或书写产品名称、质（重）量、生产厂家、储运说明等，便于客户和配送人员识别产品，进行货物装运。通过扫描包装上的条形码可以进行货物跟踪。

捆扎或打包是配货作业中常用的包装技术之一。在打包过程中，操作人员应该安全、正确地操作打包机，根据货物属性完成货物的包装。在使用半自动打包机时应参考下列流程，安全地进行设备操作，货物的井字形打包过程如图2—49所示。

图2—49　货物的井字形打包过程

第一步：接通电源

插上电源插头，按下开关，指示灯亮。

第二步：预热烫头

把温度调到指定温度，预热约1分钟，若缩短预热时间，可按下快速加热按钮，约5秒钟即可预热。

第三步：包装箱定位

将准备好的包装箱双手搬起放在半自动打包机的工作平台上，调整位置，然

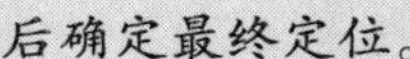

后确定最终定位。

第四步：调整供带长度

根据包装箱大小按下供带或退带按钮，以便调整适当的供带长度，机器自动供带。

第五步：完成货物的捆扎

将打包带绕过包装箱，将带头沿着导向槽插入，直至触动微动开关，前后经过约 1.5 秒，完成单条捆扎过程。调整工作平台上包装箱位置，将包装箱进行 90°旋转，再次进行包装箱定位、调整供带长度、触动微开关，完成井字形打包过程。

第六步：关机

打包作业结束后，将包装箱从工作台上取下放在地上，然后关上电源开关或电动机开关。

操作人员应避免将头手穿过包装带的传送道、不可用手直接触摸加热片。机器停止使用时需要将储带仓内的包装带卷回带盘，以免下次使用时变形。输带滚轮表面不可沾油，机器不用时需要拔掉电源。

任务二 送货作业

送货作业是配送中心最终直接面对用户的服务，它以尽可能满足客户需求为宗旨，通常是一种短距离、小批量、高频率的运输形式。送货作业利用配送车辆将用户订购的物品从制造厂、生产基地、批发商、经销商或配送中心，送到用户手中的过程。送货作业处理流程如图 2—50 所示。

学习目标

能够确定配送运输方式

掌握送货程序

能够进行配装作业

能够进行装车积载作业

能够制作配送单据

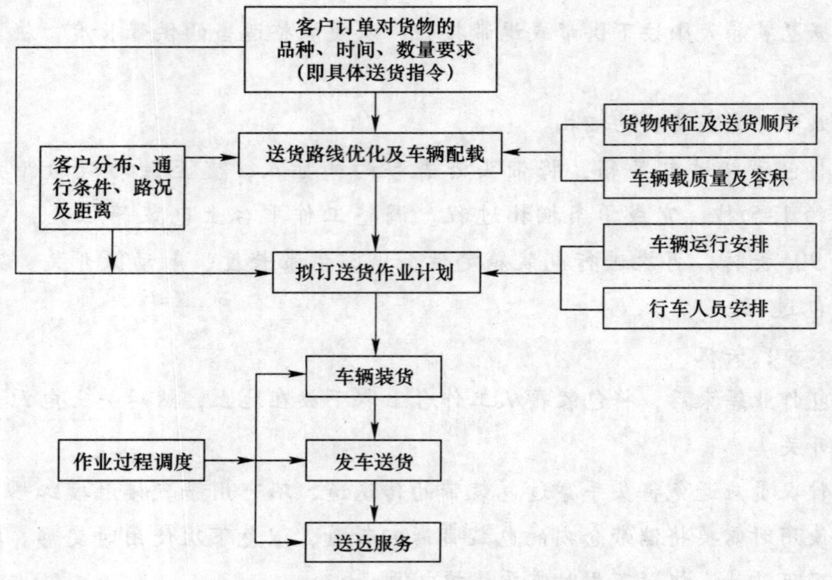

图 2—50　送货作业处理流程图

操作任务

嘉禾物流仓储中心每天实行 3 次配送业务，配送线路以区划分，分为朝阳线、丰台线、海淀线、东城线、西城线和京郊线。3 次业务的配送时间表见表 2—13。

表 2—19　　天乐福 1 号店送货单

嘉禾物流有限公司送货单

地址（Address）：北京市丰台区六里桥×街××号

电话（TEL）：8888××××　传真(Fax)：8888××××

配送单号：9000000002090

客户：天乐福1号店

地址：通州区宋庄经济开发区 9号

电话：010-5078××××　　　　时间：2011年1月22日

产品名称	包装方式	应发件数	实收件数	备注
大宝洗面奶	瓶	8		
丁家宜保湿露	瓶	6		
卡尼尔美白霜	瓶	9		

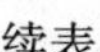

续表

产品名称	包装方式	应发件数	实收件数	备注
碧柔泡沫洁面乳	瓶	12		
欧莱雅保湿水	瓶	21		
热水器	箱	2		
合　计		58		
备注				

收货人签字：　　　　　　　　　　　　　　送货人签字：

2011 年 1 月 22 日上午，调度部收到 2 张送货单，送货单见表 2—19 和表 2—20。调度人员需要根据送货内容完成送货作业的线路安排、车辆调度及装配方案。仓管员需要依据装车单指导装卸人员完成货物装车及出库交接工作。送货员根据取（派）通知单完成货物的运送及送达交接工作。

表 2—20　　天乐福 3 号店送货单

嘉禾物流有限公司送货单

地址（Address）：北京市丰台六里桥不属于朝阳区1街88号

电话（TEL）:8888××××　传真(Fax)：8888××××

配送单号：9000000002089

客户：天乐福3号店

地址：通州区燕郊北路119号

电话：010-5078××××.　　　　　　　　时间：2011年1月22日

产品名称	包装方式	件数	总量	体积	产品编码
冷藏箱	箱	12			9787880622355
电暖气	箱	6			9787799917542
电烤箱	箱	8			9787799912714
吸尘器	箱	9			9787799510521
电煎锅	箱	18			9787799912707
果汁机	箱	14			9787885273156
热水器	箱	30			9787883203872
足底按摩器	箱	16			9787798966879
合　计		113			9787880622355
备注					

收货人签字：　　　　　　　　　　　　　　送货人签字：

配货员已将需要配送至通州线的货物配货完毕放置出库理货区。

操作准备

（1）准备送货单。

（2）准备配送距离表。

（3）准备空白装车单。

（4）准备待配送的货物。

（5）准备装卸搬运设备。

（6）准备出库理货区的场景设置。

（7）准备送货作业中角色分工。

（8）准备操作任务数据在系统中的设置。

操作步骤

步骤一：配送路线确定

嘉禾物流仓储中心的运输调度员对本次送货作业中的货品属性、货品运量、货品包装、送货流向、送货距离、送货时间及紧急程度等进行了分析，见表2—21。

表2—21　　配送货物分析表

序号	分析项目	特征
1	货品属性	电器和化妆品
2	货品运量	总量在4 t以下
3	货品包装	纸箱包装
4	送货流向	城市配送 通州区域内
5	送货距离	30 km以内
6	送货时间	2011年1月22日
7	紧急程度	当天送到即可

调度员查看了嘉禾物流仓储中心与客户的配送距离表及配送区域图。配送距离表见表2—22（O：嘉禾物流仓储中心；A：天乐福3号店；C：天乐福1号店）；配送区域图如图2—51所示。配送路线如图2—52所示。

调度员制定送货路线的分析过程如下：

（1）天乐福1号店总配送量为0.5 t；天乐福3号店总配送量为3.3 t。

（2）调度员选择一辆最大载重量为4 t，车厢有效容积20 m^3（长5 m×宽2 m×高2 m）的厢式货车进行配送。

（3）嘉禾物流仓储中心到天乐福 3 号店的距离为 5 km、到天乐福 1 号店的距离为 6 km；天乐福 3 号店至天乐福 1 号店的距离为 4 km。

（4）根据节约里程法，调度员制定的配送路线如图 2—52 所示。嘉禾物流仓储中心→天乐福 3 号店→天乐福 1 号店→嘉禾物流仓储中心，配送总里程 15 km。

表 2—22　　配送距离表

	O								
A	5	A							
B	4	8	B						
C	6	4	9	C					
D	15	15	11	14	D				
E	10	15	14	8	22	E			
F	12	17	16	12	27	4	F		
G	7	8	11	13	22	13	9	G	
H	15	18	19	13	27	5	3	12	H

A天乐福3号店　　B嘉禾物流仓储中心　　C天乐福1号店

图 2—51　配送区域图

步骤二：车辆调度

调度员在配送管理系统中完成调度作业操作。

登录【配送管理系统】→【配送作业】→【配送调度】，单击【增加/修改】按钮，

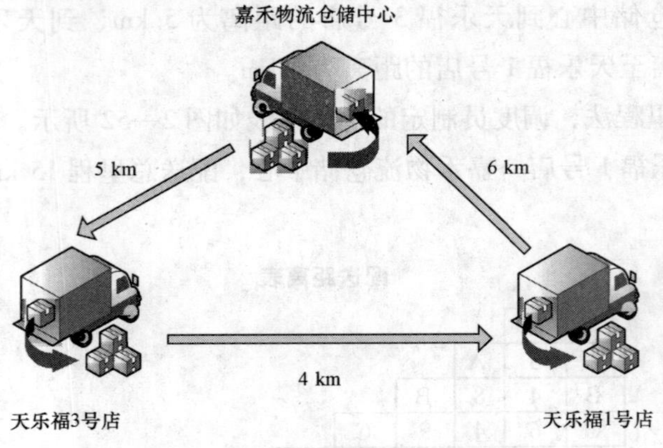

图 2—52　配送路线

在右侧的『运力编号』字段中选择“CY00020025”后，在『车牌号』字段中会显示车牌号“京 PA2461”，在『司机』字段中选择“王刚”，在『货运员』字段中选择“王刚”，单击界面下方【保存】按钮，完成取/派调度单列表的添加，如图 2—53 所示。

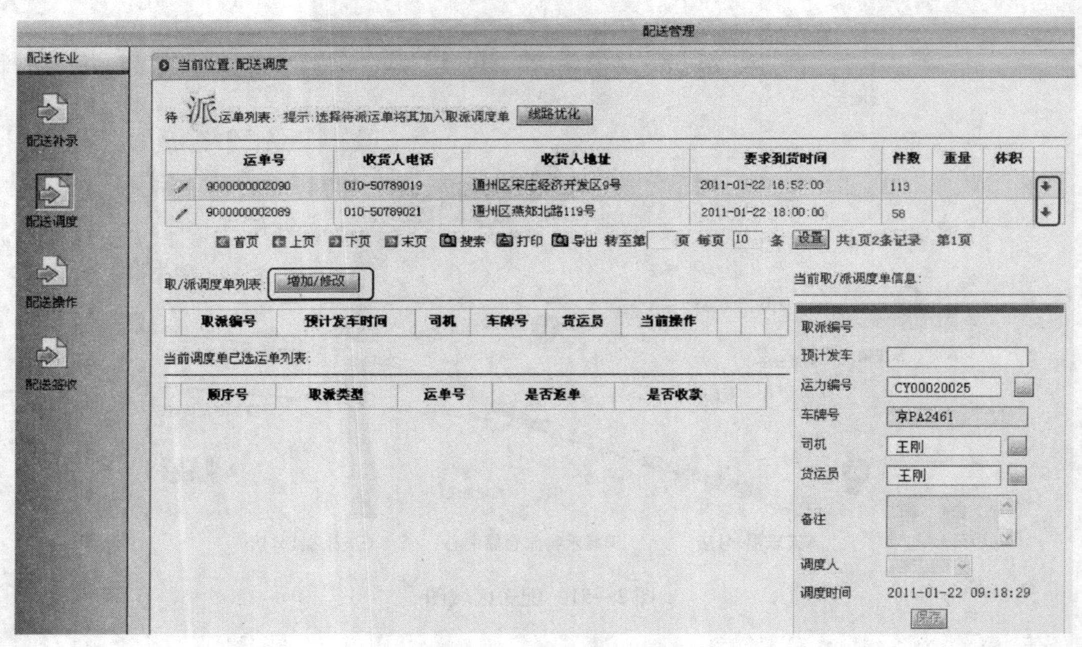

图 2—53　配送调度界面

选中取/派调度单列表中新增的条目，点击待派运单列表中配送订单后面的 ↓ 箭头，实现配送订单与调度资源的匹配挂接，如图 2—54 所示。

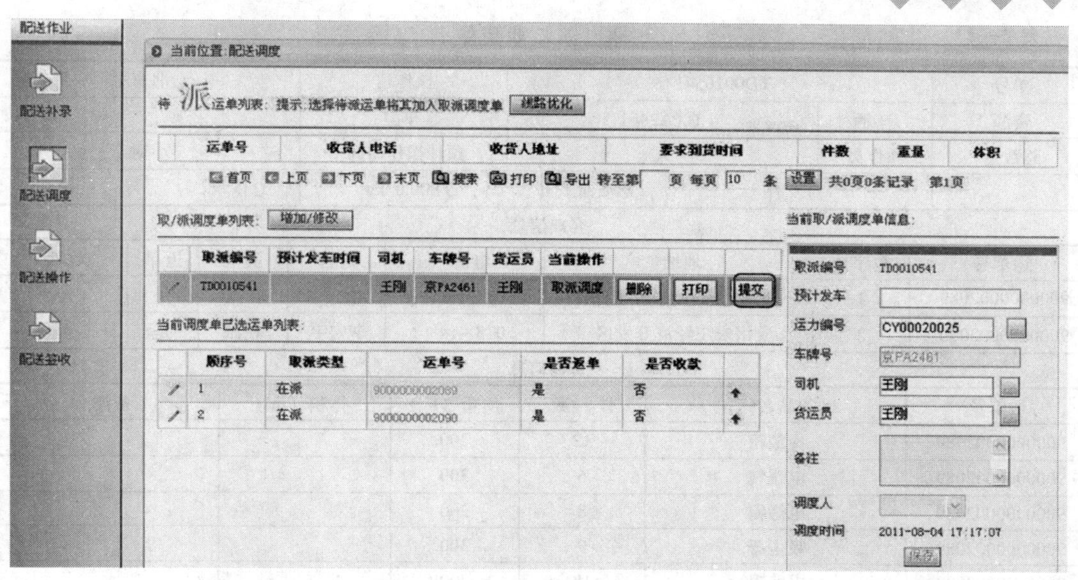

图 2—54 配送订单与调度资源的匹配

点击【提交】按钮，如图 2—55 所示，完成配送调度作业。

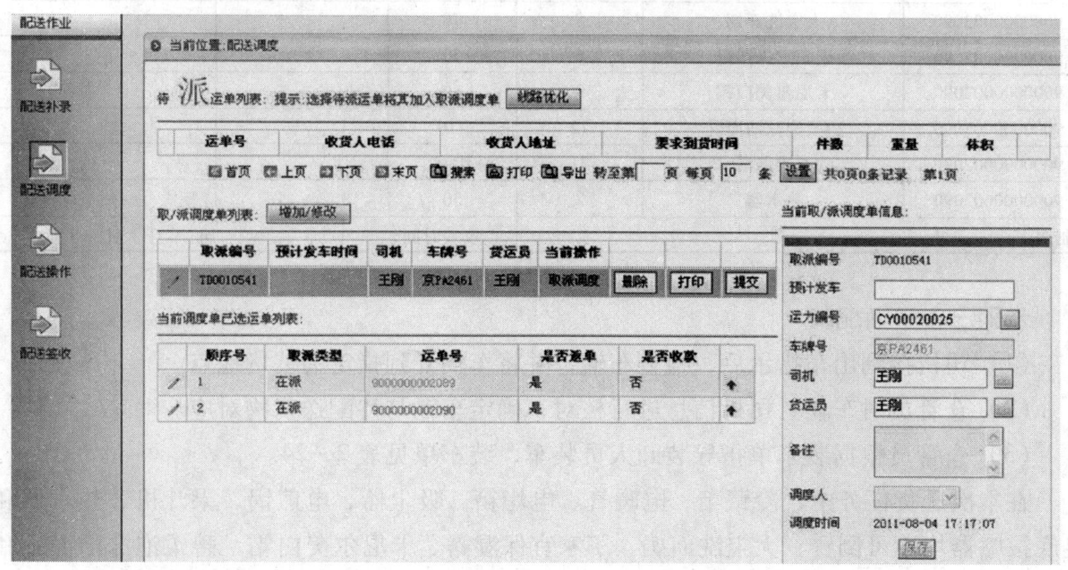

图 2—55 配送订单调度完成

点击【打印】，生成取（派）通知单，见表 2—23。

表 2—23　　　　　　　　　　取（派）通知单

单号	TD0010541			操作站	北京
资源	车辆	京PA2461		车型	
总数量	操作员	人		预计操作时间	小时
	171.0 件	总质量	3 800.0 kg	总体积	23 m^3

客户信息

运单号	数序号	地址	电话	姓名	类型	返单	收款
9000000002089	1	通州区燕郊北路 119 号	5078××××	沈一	在派	是	否
9000000002090	2	通州宋庄经济开发区	5078××××	李宏宇	在派	是	否

货物信息

运单号	货品名称	件　数	质量（kg）	体积（m^3）	备注
9000000002089	冷藏箱	12	200		
9000000002089	电暖气	6	300		
9000000002089	电烤箱	8	200		
9000000002089	吸尘器	9	300		
9000000002089	电煎锅	18	300		
9000000002089	果汁机	14	260		
9000000002089	热水器	30	700		
9000000002089	足底按摩器	16	400		
9000000002090	大宝洗面奶	8	70		
9000000002090	丁家宜保湿露	6	50		
9000000002090	卡尼尔美白霜	9	80		
9000000002090	碧柔泡沫洁面乳	12	110		
9000000002090	欧莱雅保湿水	21	180		
9000000002090	热水器	2	50		
制表人:			填表时间:	年　月　日	

步骤三：车辆配载

（1）司机接到出车指示后，检查车辆，并将车辆开到指定的装货地点。

（2）仓管员对车辆、司机信息进行核对，确定车辆与待配送货物对应。

（3）仓管员根据装车单指导装卸人员装车，装车单见表 2—24。

在本次送货任务中，冷藏箱、电暖气、电烤箱、吸尘器、电煎锅、果汁机、热水器和足底按摩器均不可倒置；大宝洗面奶、丁家宜保湿露、卡尼尔美白霜、碧柔泡沫洁面乳和欧莱雅保湿水不可压。

装车顺序依据后送先装的积载原则，轻重搭配，使车厢内的货物重量均匀分布，如图 2—56 所示。

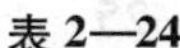

表 2—24　　　　　　嘉禾物流有限公司装车单

装车单号	ZH20110122007		装车日期	2011年1月22日		
车辆	京PA2461			车型	4 t	
装车人员	张华			联系电话	1376666××××	
总数量（件）	171			总质量（kg）	3 800	
装车信息						
运单号	装车顺序	货物名称	箱数	包装规格	装车要求	目的地
9000000002090	1	大宝洗面奶	1	1×8	不可压	通州区宋庄经济开发区9号
	2	丁家宜保湿露	1	1×6	不可压	
	3	卡尼尔美白霜	1	1×9	不可压	
	4	碧柔泡沫洁面乳	1	1×12	不可压	
	5	欧莱雅保湿水	1	1×21	不可压	
	6	热水器	2	1×1	不可倒置	
9000000002089	7	热水器	30	1×1	不可倒置	通州区燕郊北路119号
	8	冷藏箱	12	1×1	不可倒置	
	9	电暖气	6	1×1	不可倒置	
	10	电烤箱	8	1×1	不可倒置	
	11	吸尘器	9	1×1	不可倒置	
	12	电煎锅	18	1×1	不可倒置	
	13	果汁机	14	1×1	不可倒置	
	14	足底按摩器	16	1×1	不可倒置	

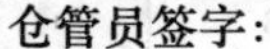

装车员签字：　　　　　　　　　　　　仓管员签字：

图 2—56　货物装车实图

（4）装车完毕之后，装车人员与仓管员分别在装车单上签字确认，见表2—25。

表2—25　　嘉禾物流有限公司装车单

装车单号	ZH20110122007		装车日期	2011年1月22日		
车辆	京PA2461			车型	4 t	
装车人员	张华			联系电话	1376666××××	
总数量（件）	171			总重量（kg）	3 800	
装车信息						
运单号	装车顺序	货物名称	箱数	包装规格	装车要求	目的地
9000000002090	1	大宝洗面奶	1	1×8	不可压	通州区宋庄经济开发区9号
	2	丁家宜保湿露	1	1×6	不可压	
	3	卡尼尔美白霜	1	1×9	不可压	
	4	碧柔泡沫洁面乳	1	1×12	不可压	
	5	欧莱雅保湿水	1	1×21	不可压	
	6	热水器	2	1×1	不可倒置	
9000000002089	7	热水器	30	1×1	不可倒置	通州区燕郊北路119号
	8	冷藏箱	12	1×1	不可倒置	
	9	电暖气	6	1×1	不可倒置	
	10	电烤箱	8	1×1	不可倒置	
	11	吸尘器	9	1×1	不可倒置	
	12	电煎锅	18	1×1	不可倒置	
	13	果汁机	14	1×1	不可倒置	
	14	足底按摩器	16	1×1	不可倒置	

装车员签字：张华　　　　仓管员签字：张力

（5）司机配合仓管员清点装车商品数量，并在出库单上签字，见表2—26和表2—27。交接完毕后，司机到调度处领取送货单，作为回单。

步骤四：运送

司机出站后，调度员登录【配送管理系统】→【配送作业】→【配送操作】，勾选当前送货任务后点击【场站扫描】，表示配送任务已经开始，如图2—57所示。

表 2—26　　天乐福 1 号店签字确认的出库单

出库单

作业计划单号 000000000023130

2011配货中心 嘉禾物流仓储中心　　应发总数：58.0　实发总数：58

客户名称：天乐福1号店　客户编号：　客户指令号：　日期：2011-01-21

产品名称	条形码	规格	单位	应发数量	实发数量	货位号	批号	备注
大宝洗面奶	799034		瓶	8	8			
丁家宜保湿露	799045		瓶	6	6			
卡尼尔美白霜	799035		瓶	9	9			
碧柔泡沫洁面乳	795341		瓶	12	12			
欧莱雅保湿水	799036		瓶	21	21			
热水器	9787883203872		箱	2	2			

仓管员(签字)：　张力　　收货人(签字)：　王刚

表 2—27　　**天乐福 3 号店签字确认的出库单**

出库单

作业计划单号

0000000000023132

2011配货中心　嘉禾物流仓储中心　　应发总数：113.0　实发总数：113.0

客户名称：天乐福3号店　客户编号：　客户指令号：　日期：2011-01-21

产品名称	条形码	规格	单位	应发数量	实发数量	货位号	批号	备注
冷藏箱	9787880622355		箱	12	12			
电暖气	9787799917542		箱	6	6			
电烤箱	9787799912714		箱	8	8			
吸尘器	9787799510521		箱	9	9			
电煎锅	9787799912707		箱	18	18			
果汁机	9787885273156		箱	14	14			
热水器	9787883203872		箱	30	30			
足底按摩器	9787798966879		箱	16				

仓管员(签字)：张力　　收货人(签字)：王刚

选择任务后点击【场站扫描】，进入图 2—58 所示的界面。

嘉禾物流仓储中心使用自有车辆进行配送，在配送车辆中装有 GPS 进行车辆定位，完成在途跟踪。

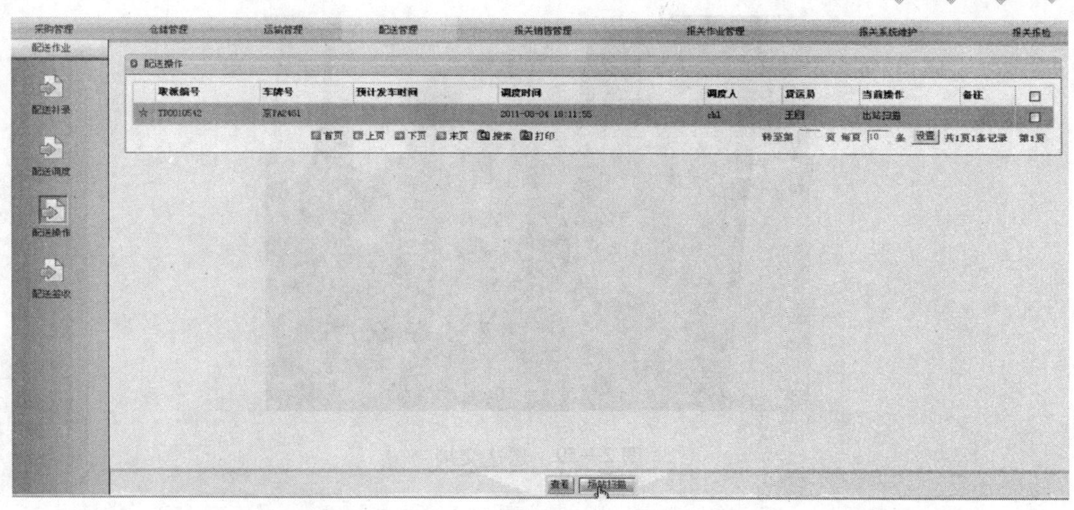

图 2—57　场站扫描

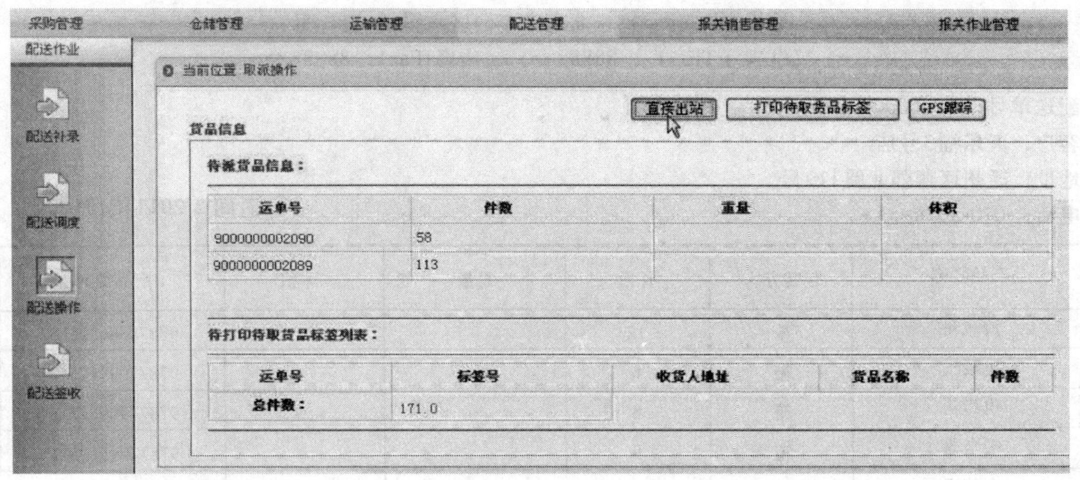

图 2—58　出站确认

步骤五：送达交接

1. 根据送货路线，送货员先抵达天乐福 3 号店，司机将车停放到指定位置进行卸货，如图 2—59 所示。

卸货完成后，送货员与客户共同核对、清点货物，确认无误后，双方在送货单上签字，其中一联留给客户，签字确认的送货单见表 2—28。

图 2—59　送达交接

表 2—28　　**签字确认的天乐福 3 号店送货单**

嘉禾物流有限公司货单

地址（Address）：北京市丰台区六里桥□街□号

电话（TEL）：8888××××　传真(Fax)：8888××××

配送单号：9000000002089

客户：天乐福3号店

地址：通州区燕郊北路119号

电话：010-5078××××　　　　**时间：2011年1月22日**

产品名称	包装方式	件数	总量	体积	产品编码
冷藏箱	箱	12			9787880622355
电暖气	箱	6			9787799917542
电烤箱	箱	8			9787799912714
吸尘器	箱	9			9787799510521
电煎锅	箱	18			9787799912707
果汁机	箱	14			9787885273156
热水器	箱	30			9787883203872
足底按摩器	箱	16			9787798966879
合　计		113			9787880622355
备注					

收货人签字：沈一　　　　**送货人签字：王刚**

签单确认后，送货员出示配送运输质量跟踪表，请客户填写，填写完毕的跟踪表见表2—29。

表 2—29

嘉禾物流仓储中心配送运输质量跟踪表

发送时间：2011 年 1 月 22 日

天乐福 3 号店 客户经营部：

我们对质量的承诺是：安全准确、文明储运、优质高效、客户至上。为了实现上述承诺，不断改进服务质量，恳请贵经营部真实填写以下栏目：

1. 送货汽车车号	京 PA2461
2. 送货人员服务态度	好（ √ ） 一般（ ） 差（ ）
3. 送货汽车状况	好（ √ ） 一般（ ） 差（ ）
4. 装载是否合理	是（ √ ） 否（ ）
5. 送达货物的品名、规格、数量是否与送货清单相符	是（ √ ） 否（ ）
6. 到货是否准时	是（ √ ） 否（ ）
7. 货物污染、淋湿、破损情况及程度	无
8. 在哪些方面还需要改进？请提宝贵意见	希望尽快提供订单网上跟踪业务

填表人：沈一

填表时间：2011 年 1 月 22 日

2. 送货员抵达天乐福 1 号店，与客户进行货物交接，核对无误后双方在送货单上签字，见表 2—30，其中一联留给客户。签单确认后，送货员同样出示配送运输质量跟踪表，请客户填写，填写完毕的跟踪表见表 2—31。

表 2—30

签字确认的天乐福 1 号店送货单

嘉禾物流有限公司送货单

地址（Address）：北京市丰台区六里桥×街××号

电话（TEL）:8888×××× 传真(Fax):8888××××

配送单号：9000000002090

客户：天乐福1号店

地址：通州区宋庄经济开发区9号

电话：010-5078××××

时间：2011 年 1 月 22 日

产品名称	包装方式	件数	总量	体积	产品编码
大宝洗面奶	瓶	8			799034
丁家宜保湿露	瓶	6			799045
卡尼尔美白霜	瓶	9			799035
碧柔泡沫洁面乳	瓶	12			795341
欧莱雅保湿水	瓶	21			799036
热水器	箱	2			9787883203872
合　计		58			
备注					

收货人签字：李宏宇

送货人签字：王刚

表 2—31　　　　嘉禾物流仓储中心配送运输质量跟踪表

发送时间：2011 年 1 月 22 日

天乐福 1号店 客户经营部：

我们对质量的承诺是：安全准确、文明储运、优质高效、客户至上。为了实现上述承诺，不断改进服务质量，恳请贵经营部真实填写以下栏目：

1. 送货汽车车号	京 PA2461
2. 送货人员服务态度	好（✓）　一般（　）　差（　）
3. 送货汽车状况	好（✓）　一般（　）　差（　）
4. 装载是否合理	是（✓）　否（　）
5. 送达货物的品名、规格、数量是否与送货清单相符	是（✓）　否（　）
6. 到货是否准时	是（✓）　否（　）
7. 货物污染、淋湿、破损情况及程度	无
8. 在哪些方面还需要改进?请提宝贵意见	无

填表人：　李宏宇　　　　填表时间：2011 年 1 月 22 日

步骤六：配送作业签收

送货作业结束后，送货员返回嘉禾物流仓储中心，并将客户签字确认的送货单和配送运输质量跟踪表交调度进行作业反馈。

配送调度人员登录【配送作业管理系统】→【配送管理】→【配送作业】→【配送签收】界面，如图 2—60 所示。

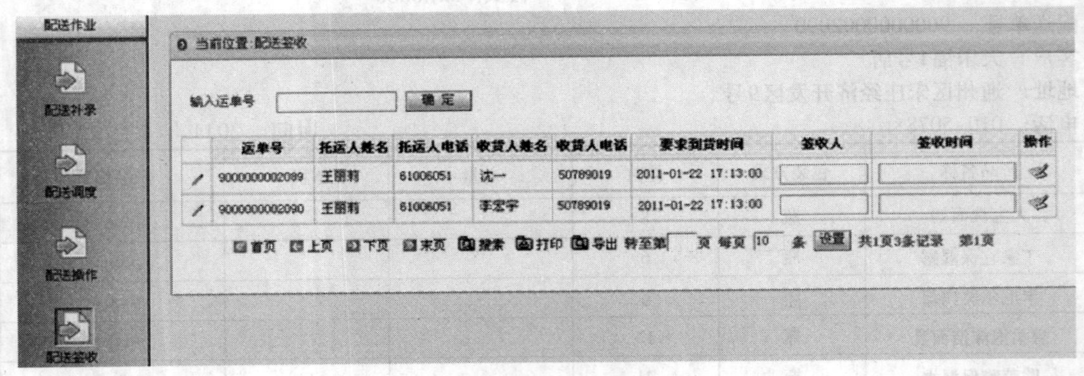

图 2—60　配送订单签收界面

调度员在『签收人』字段中输入“李宏宇”，在『签收时间』字段中选择当前签收订单的时间，点击该订单后面的 按钮，系统将弹出如图 2—61 所示的界面，单击【确认】按钮进行确认，完成配送作业的签收确认。

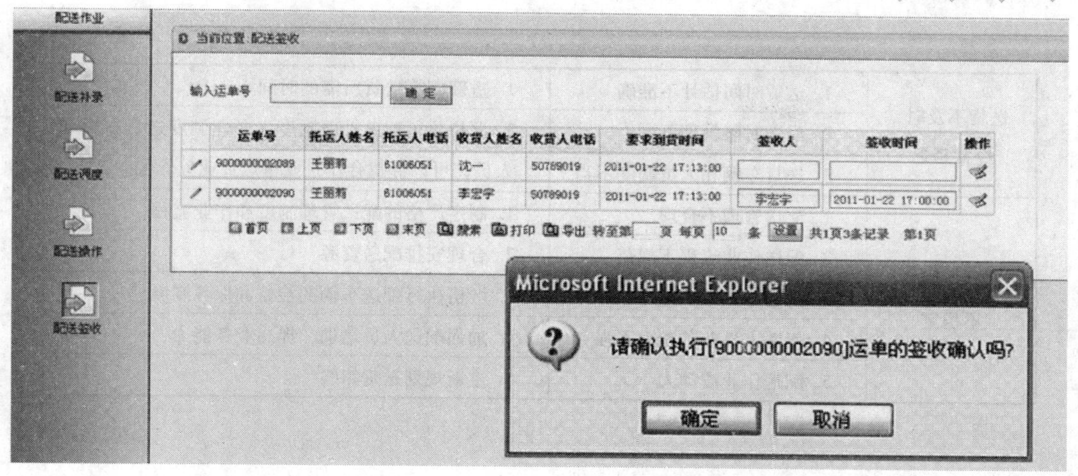

图 2—61 配送订单签收确认界面

相关链接

送货环节常见的问题及对策

送货计划经常会遇到突发事件而导致计划的调整，比如客户送货要求的变更；装卸人员延误或设备故障导致装卸停歇时间超过定额；与客户办理交接业务手续导致时间的拖延；车辆运行途中出现技术故障；行车人员私自变更计划、不按规定时间收发车；违章驾驶造成技术故障和行车肇事；道路情况恶劣、路桥施工、或自然灾害导致的临时性桥断路阻等，都会致使车辆运行计划产生变更。

仓储中心或运输公司，在拟订送货计划时应考虑到以上所提到的可能因素，拟订防御措施或解决方案。同时，认真分析送货中出现的一些具体问题，寻找合理的解决办法，提高客户服务水平。送货环节常见问题及对策见表2—32。

表 2—32 送货环节常见问题及对策

常见问题	原 因	对 策
送货时间太长	1. 送货路程太远	1. 将承诺的送货时间适当延长
	2. 运输工具速度太慢	2. 重新规划送货路线
	3. 配送作业流程不合理	3. 调整配送作业流程
	4. 送货路线规划不合理	4. 选择小型送货车辆
	5. 承诺的送货时间太短	5. 与其他配送中心共同配送

续表

送货不及时，经常延迟	1. 送货时间估计不准确	1. 重新测算送货所需的时间
	2. 配送时限管理不严	2. 严格执行配送管理制度，合理调度送货车辆和人员，可以寻找合作企业将送货业务外包
	3. 送货车辆和人员调度不当	
送货时间不稳定	1. 配送管理不合理	1. 制定严格的配送管理制度和作业流程
	2. 配送作业流程不规范	2. 合理安排配送资源
	3. 配送车辆维护差	3. 严格执行配送车辆的检修和保养制度
	4. 配送人员业务能力不强	4. 加强配送人员培训，提高业务能力
	5. 配送作业波动大	5. 重新规划送货路线

相关链接

提高送货效率的措施

配送中心货物运输公司为提高送货效率，可以采用以下措施：

1. 消除交错送货

消除交错送货，可以提高整个配送系统的送货效率。例如，将原直接由各工厂送至各客户的零散路线利用配送中心来做整合并调配转送，这样可缓解交通网路的复杂程度，且可大大缩短运输距离。

2. 开展直配、直送

由于“商物分流”，订购单可以通过信息网络直接传给厂商，因此，各工厂的产品可从厂商的物流中心直接交货到各零售店。这种利用直配、直送的方式可大幅简化物流的层次，使中间的代理商和批发商不设存货，下游信息也能很快传达到上游。

3. 采用标准的包装器具

配送不是简单的“送货上门”，而要运用科学且合理的方法选择配送车辆的吨位、配载方式，确定配送路线，以达到“路程最短、吨公里最小”的目标。采用标准的包装工具，如托盘，可以使送货中货物的搬运、装卸效率提高，并便于车辆配装。

4. 建立完善的信息系统

完善的信息系统能够根据交货配送时间，车辆最大积载量，客户的订货量、个数、质量来选出一个最经济的配送方法。根据货物的形状、容积、质量及车辆的装载能力等，由电脑自动安排车辆和装载方式，形成配车计划。在信息系统中输入每一客户点的位置，计算机便会依最短距离找出最便捷的路径。

5. 改善运货车辆的通信

健全的车载通信设施，可以把握车辆及司机的状况、传达道路信息或气象信息、掌握车辆作业状况及装载状况、传递作业指示、传达紧急信息指令、提高运行效率及安全运转能力。

6. 均衡配送系统的日配送量

通过和客户沟通，尽可能使客户的配送量均衡化，这样能有效提高送货效率。为使客户的配送量均衡，通常可以采用对大量订货的客户给予一定折扣、制定最低订货量、调整交货时间等办法。

任务三　退货作业

退货作业是指仓库按订单或合同将货物发出后，由于某种原因，客户将商品退回仓库而引发的物流作业活动的总称。退货作业内容本身较为复杂，而且作业负荷较重，尤其以退货商品的检验、退货数量查核等最耗费作业时间及人力。仓库的退货作业处理会依据公司经营理念、行业性质、货品属性等内容的不同而产生差异。退货作业流程如图 2—62 所示。

学习目标

能够受理客户的退货申请

能够进行退货货物的验收工作

能够与顾客协商退货方案

掌握退货程序

能够进行退货结算

能够进行退货处理

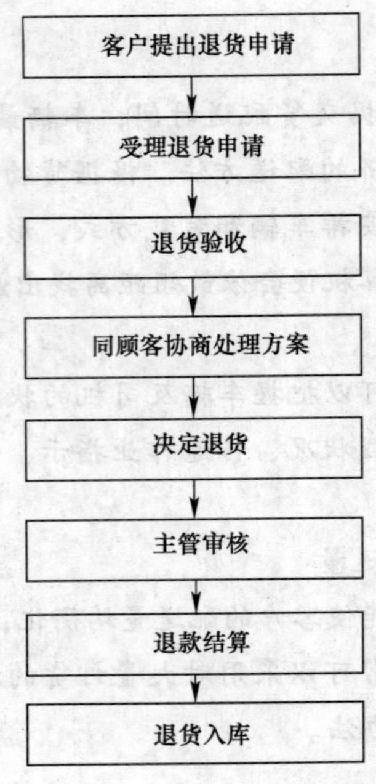

图 2—62　退货作业流程图

操作任务

2011 年 1 月 21 日上午，嘉禾物流仓储中心接到客户——永顺的订货单，仓储中心已根据客户订单完成货物拣选和备货作业，并与 2011 年 1 月 22 日在客户的指定时间将货物准时送到。签字确认的送货单见表 2—34。永顺仓库管理员于林在货物上架时发现有 1 箱五月天-天使- CD 包装错误，包装箱内放置的货物为：飞儿乐队-我们的爱- CD。于林需要完成本批货物中 1 箱五月天-天使- CD 的退货处理。

操作准备

（1）准备订货单。

（2）准备送货单。

（3）准备申请退货的货物。

（4）准备操作任务中角色分配。

（5）准备退货暂存区。

（6）准备装卸搬运设备。

表 2—33 永顺送货单

嘉禾物流有限公司送货单

地址（Address）：北京市丰台区六里桥×街××号

电话（TEL）:8888××××　传真(Fax):8888××××

配送单号：9000000002092

客户：永顺

地址：望京南路19号

电话：010-5578××××　　时间：2011年1月22日

产品名称	应发件数	包装方式	包装规格	单价	金额	实收件数
五月天-天使-CD	5	箱	1×100	1 000	5 000	5
五月天-拥抱-CD	5	箱	1×100	1 000	5 000	5
五月天-温柔-CD	5	箱	1×100	1 000	5 000	5
合计	15				15 000	15
备注						

收货人签字：于林　　送货人签字：王刚

操作步骤

步骤一：退货申请

永顺仓库管理员于林在货物上架时，打开五月天-天使-CD包装，发现内置货物为：飞儿乐队-我们的爱-CD。于林需要先核对订货单，确定是嘉禾物流仓储中心配送错误。永顺的订货单见表2—9。

于林核对订单，确定是由于送货方原因导致配送错误后，先填制退货申请表，并以快递的方式将退货申请表、订货单和送货单的复印件一起邮寄给嘉禾物流仓储中心客服部。退货申请表见表2—34。

步骤二：客服受理

嘉禾物流仓储中心客服王丽收到永顺寄来的退货申请资料后，致电永顺于林询问详细情况。双方协商待下次送货时将申请退货的货物随车返回检查。

步骤三：退货验收

2011年1月24日，嘉禾物流仓储中心以送货方式发出另一批货品，同时将永顺申请退回的1箱五月天-天使-CD带回配送中心交予退货验收组。退货验收组陈天逐项核对送货单和订单内容，拆封检查货品、数量及包装，质量检查及信息核对无误后，陈天填制退货产品报告单并通知客服货物验收合格。退货产品报告单见表2—35。

表 2—34 嘉禾物流有限公司退货申请表

地址（Address）：北京市丰台区六里桥×街××号
电话（TEL）:8888××××　传真(Fax):8888××××

客户：永顺　　时间：2011年1月22日

配送单号	商品名称	包装	规格	配送数量	退货数量	配送单价	配送价格
9000000002092	五月天-天使-CD	箱	1×100	5	1	1 000	5 000
退货原因	未定此货 □ 质量问题 □ 包装损坏 □ 规格错误 □						
备注	五月天-天使-CD内置飞儿乐队-我们的爱-CD						

备注：退货申请表一式三联，客服、财务、客户各持一联

表 2—35 嘉禾物流有限公司退货产品报告单

地址（Address）：北京市丰台区六里桥×街××号
电话（TEL）:8888××××　传真(Fax):8888××××

日期：2011 年1月24日

退/换货品名	产品编码	数量	包装	规格	要求退货	要求换货	验收情况
五月天-天使-CD	9787799418148	1	箱	1×100	□	□	合格 □ 不合格 □
退/换货原因说明： 包装错误，内置货品为飞儿乐队-我们的爱-CD 100张							
公司各部门对退/换货审批意见							
退货验收组长签名：陈天				主管签名： 是否入库：　同意 □　不同意 □			

备注：退货产品报告单一式三联，客户、仓库、财务各持一联

步骤四：协商退货方案

嘉禾物流仓储中心客服王丽接到退货验收组陈天发来的退货产品报告单后致电永顺协商退货方案。依据《嘉禾物流有限公司退货管理规章》的规定，有 3 种退货方案可供客户选择。

方案一：嘉禾物流仓储中心全额退款。

方案二：客户接受此批货物，配送中心支付2%的补偿金。

方案三：嘉禾物流仓储中心接收退货，并为客户重新配送正确的货物，但送货时间较慢，一般需要5～7个工作日。

经客服与客户协商后，永顺选择方案一：即全额退款。

步骤五：退货审批

2011年1月25日，客服将永顺签字确认的退货单和退货产品报告单提交仓库主管审批，见表2—36、表2—37。

表2—36　嘉禾物流有限公司退货单

地址（Address）：北京市丰台区六里桥×街××号
电话（TEL）:8888××××　传真(Fax):8888××××

退货单号：TH0101201
客户名称：永顺　　**日期：2011年1月25日**

产品编码	产品名称	单位	包装规格	数量	单价	金额	退货原因
9787799418148	五月天-天使-CD	箱	1×100	1	1 000	1 000	规格错误
主管：					制单：于林		

备注：退货单一式三联，仓管员、财务、客户各持一联

表2—37　嘉禾物流有限公司退货产品报告单

地址（Address）：北京市丰台区六里桥×街××号
电话（TEL）:8888××××　传真(Fax):8888××××

日期：2011年1月24日

退/换货品名	产品编码	数量	包装	规格	要求退货	要求换货	验收情况
五月天-天使-CD	9787799418148	1	箱	1×100	□	□	合格 □ 不合格 □
退/换货原因说明： 包装错误，内置货品为飞儿乐队-我们的爱-CD 100张							
公司各部门对退/换货审批意见							
退货验收组长签名：陈天					主管签名： 是否入库：　同意 □　不同意 □		

备注：退货产品报告单一式三联，客户、仓库、财务各持一联

步骤六：退货结算

2011 年 1 月 26 日，客服将经主管审批通过的永顺退货单，见表 2—38，递交财务。财务主管方华接到退货资料后，进行相应的账务处理并通知永顺于 2011 年 1 月 28 日来嘉禾物流仓储中心财务部领取退款。

表 2—38

嘉禾物流有限公司退货单

地址（Address）：北京市丰台区六里桥×街××号
电话（TEL）:8888××××　传真(Fax):8888××××

退货单号：TH0101201
客户名称：永顺　　日期：2011年1月25日

产品编码	产品名称	单位	包装规格	数量	单价	金额	退货原因
9787799418148	五月天-天使-CD	箱	1×100	1	1 000	1 000	规格错误
主管：方光北						制单：于林	

备注：退货单一式三联，仓管员、财务、客户各持一联

2011 年 1 月 28 日，永顺于林和嘉禾物流仓储中心财务方华在退款单上签字确认后，完成本次退款结算工作。签字确认的退款单见表 2—39。

表 2—39

嘉禾物流有限公司退款单

地址（Address）：北京市丰台区六里桥×街××号
电话（TEL）:8888××××　传真(Fax):8888××××

退款单号：TK101201　　退货日期：2011年1月28日

客户名称	货品名称	单位	包装规格	数量	单价	金额	本次退款金额
永顺	五月天-天使-CD	箱	1×100	1	10	1 000	1 000
财务：方华						领款人：于林	

备注：退货单一式二联，财务、客户各持一联

步骤七：退货入库

2011 年 1 月 26 日，仓管员张力接到主管审批通过的退货产品报告单后，完成本次退货的重新入库作业。签字确认的退货产品报告单见表 2—40。

表 2—40　　嘉禾物流有限公司退货产品报告单

地址（Address）：北京市丰台区六里桥×街××号
电话（TEL）:8888××××　传真(Fax):8888××××

日期：2011年1月24日

<table>
<tr><td>退/换货品名</td><td>产品编码</td><td>数量</td><td>包装</td><td>规格</td><td>要求退货</td><td>要求换货</td><td>验收情况</td></tr>
<tr><td>五月天-天使-CD</td><td>9787799418148</td><td>1</td><td>箱</td><td>1×100</td><td>□</td><td>□</td><td>合格 □
不合格 □</td></tr>
<tr><td></td><td></td><td></td><td></td><td></td><td></td><td></td><td></td></tr>
<tr><td colspan="8">退/换货原因说明：

包装错误，内置货品为飞儿乐队-我们的爱-CD 100张</td></tr>
<tr><td colspan="8">公司各部门对退/换货审批意见</td></tr>
<tr><td colspan="4" rowspan="2">退货验收组长签名：陈天</td><td colspan="4">主管签名：方光北</td></tr>
<tr><td colspan="4">是否入库：同意 □　不同意 □</td></tr>
</table>

备注：退货产品报告单一式三联，客户、仓库、财务各持一联

仓管员登录仓储管理系统【订单管理系统】→【订单管理】→【订单录入】，点击【新增】按钮后，进入如图 1—3 所示的界面。

点击【退货入库】，进入图 2—63 所示的界面。

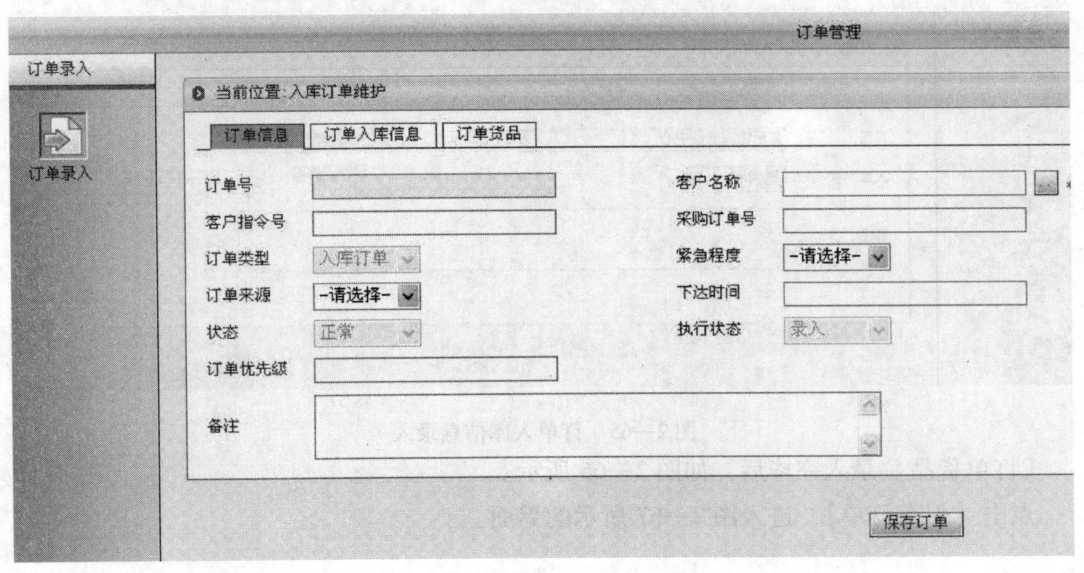

图 2—63　退货入库单录入界面

在图 2—63 中，客服根据退货产品报告单的内容依次完成『订单信息』『订单入库信息』和『订单货品』的录入。『订单信息』录入完毕后，如图 2—64 所示。

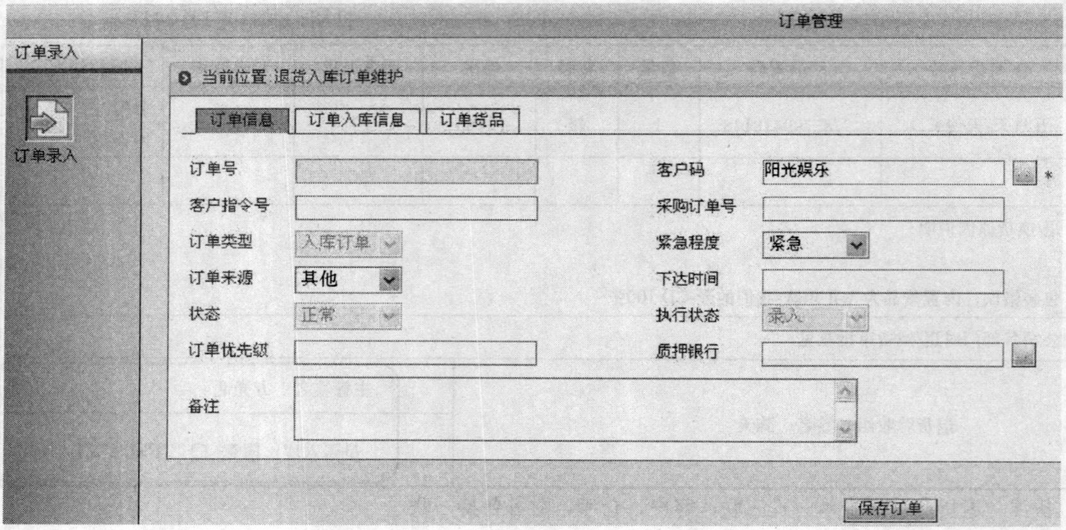

订单管理
订单录入
当前位置:退货入库订单维护
订单信息　订单入库信息　订单货品
订单号
客户码　阳光娱乐 *
客户指令号
采购订单号
订单类型　入库订单
紧急程度　紧急
订单来源　其他
下达时间
状态　正常
执行状态　录入
订单优先级
质押银行
备注
保存订单

图 2—64　订单信息录入

『订单入库信息』录入完毕后，如图 2—65 所示。

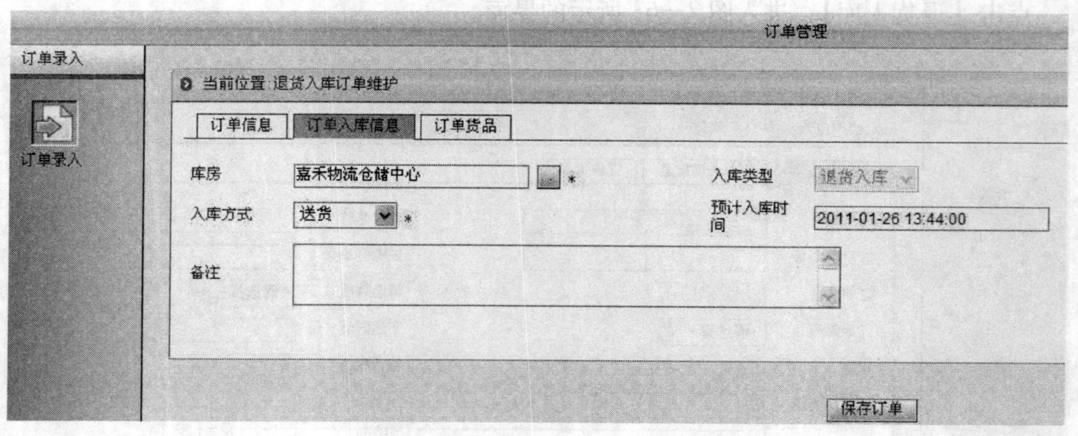

图 2—65　订单入库信息录入

『订单货品』录入完毕后，如图 2—66 所示。

点击【保存订单】，进入图 2—67 所示的界面。

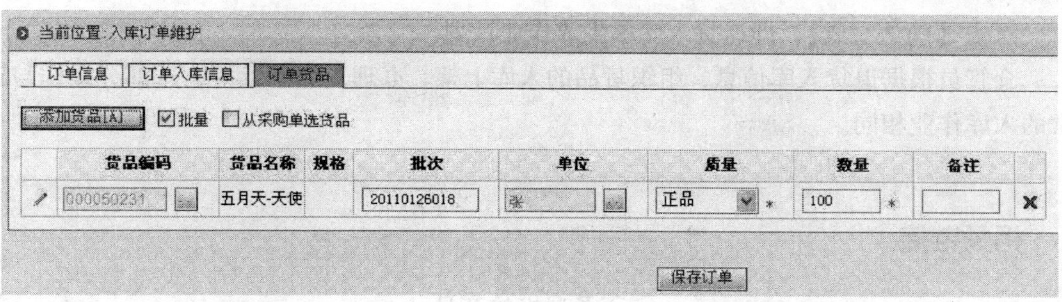

当前位置:入库订单维护
订单信息
订单入库信息
订单货品
添加货品[A]
批量
从采购单选货品
货品编码
货品名称
规格
批次
单位
质量
数量
备注
000050231
五月天-天使
20110126018
张
正品
100
保存订单

图 2—66　订单货品录入

订单管理
订单录入
订单录入
订单号
客户码
订单类型
录入时间
执行状态
是否反向
订单查询
新增
修改
查看
删除
生成作业计划

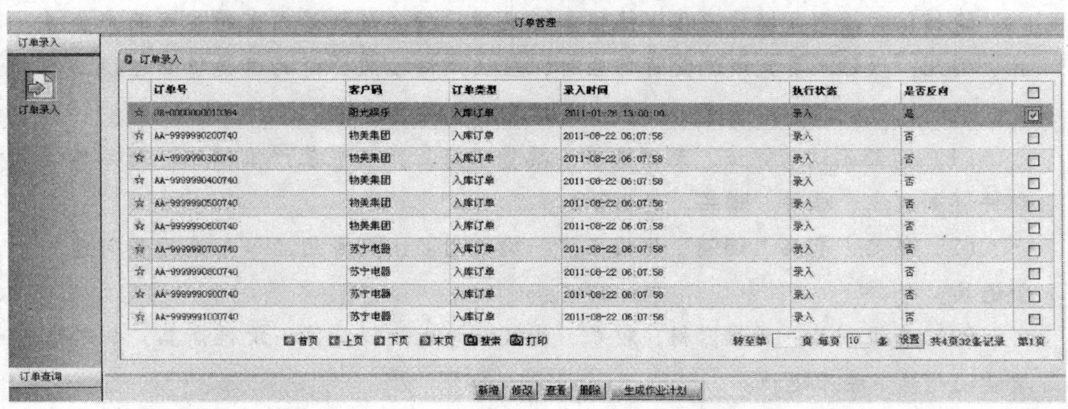

图 2—67　生成作业计划

勾选入库任务后，点击【生成作业计划】，进入图 2—68 所示的界面。

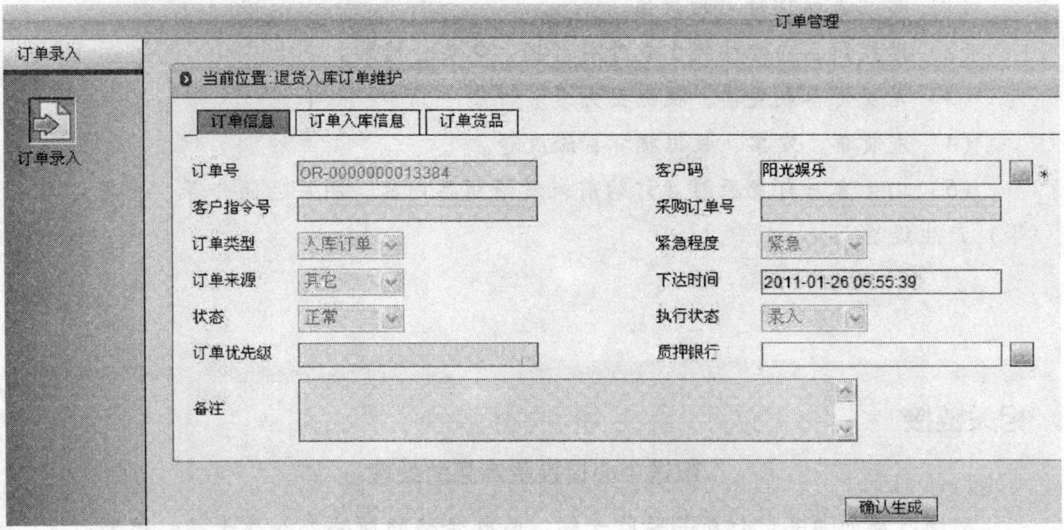

订单管理
订单录入
当前位置:退货入库订单维护
订单信息
订单入库信息
订单货品
订单录入
订单号
OR-0000000013384
客户码
阳光娱乐
客户指令号
采购订单号
订单类型
入库订单
紧急程度
紧急
订单来源
其它
下达时间
2011-01-26 05:55:39
状态
正常
执行状态
录入
订单优先级
质押银行
备注
确认生成

图 2—68　确认生成

点击【确认生成】，即退货入库单生成作业计划。

仓管员根据退货入库信息，组织货品的入库上架、办理入库手续等，这部分操作与正常的入库作业相同。

相关链接

不予退换的商品

退换货的原则或操作流程会根据企业性质、货品属性等内容的不同而产生差异。因此，操作人员完成退换货作业时，应该严格按照公司的退换货管理规章制度或说明执行，在一般情况下，以下商品是不予退换的：

（1）商品无销售凭证，无保修单，票货不符，商品包装严重损伤，商品其他配件（如电池、挂件、赠品、说明等）。

（2）药品、食品、烟酒、化妆品、一次性用品、贴身用品等如无质量问题不予退换。

（3）音像制品、照相器材、胶卷、相纸、电池、鲜花等一次性商品，如不是质量问题均不给予退换。

（4）特价商品，不予以退换。

相关链接：应拒绝客户退换货要求的商品

（1）超过退换货时间的商品。

（2）退换商品内配件缺少或外观受损，包装受损等。

（3）无发货单或发票、收据丢失者。

（4）发货单、发票、收据损坏、涂改等。

（5）由于客户自身原因（订购前未看清商品内容、图片、简介等，重复订单等）产生退货。

相关链接

配送中心退换货商品的处理

对新入库的商品进行商品验收手续，验收合格的商品办入库手续，填写收货单、验货单、入库单（商品名、数量、存放位置、批号、保质期等信息），然后

送入指定的正品存放区的库位中，正品存放区的商品是可供配送的，这时总库存量增加。

对验收不合格的商品，填写退货单，并登录在册，另行暂行存放，及时退供货商调换合格商品。调换回的商品同样有收货单、验货单、入库的过程，这时配送中心的总库存量增加。

当商品送交要货单位后，对商品验收，当发现商品包装破损、商品保质期快到或已过期、送交的商品与要求的商品不相符等情况时，会发生退货（退库单），退货后配送中心要补货给要货单位，对退回的商品暂存待处理区，经检验后做处理，如完好的商品（错配退回等）送回正品存放区（移转单），重新入库；对质量和包装有问题的商品，通知公司业务部归还给供应商（退货单），过期和损坏的商品作报废处理（报损单）等，这一些商品处理的流动过程也影响总库存量的变化，掌握和控制这些商品的流转过程就可以有效控制和掌握总库存量。